思想理论教育研究

（第3辑）

主　编　徐海鑫　纪志耿
副主编　赵淑亮　孙化显　李明凤　胡亚兰

四川大学出版社

项目策划：张宇琛
特约编辑：张宇琛
责任编辑：蒋姗姗
责任校对：罗永平
封面设计：墨创文化
责任印制：王　炜

图书在版编目（CIP）数据

思想理论教育研究．第3辑 / 徐海鑫，纪志耿主编．—成都：四川大学出版社，2020.3
ISBN 978-7-5690-3254-3

Ⅰ．①思… Ⅱ．①徐… ②纪… Ⅲ．①高等学校—思想政治教育—中国—文集 Ⅳ．①G641-53

中国版本图书馆CIP数据核字（2019）第280537号

书名　思想理论教育研究（第3辑）

主　　编	徐海鑫　纪志耿
副 主 编	赵淑亮　孙化显　李明凤　胡亚兰
出　　版	四川大学出版社
地　　址	成都市一环路南一段24号（610065）
发　　行	四川大学出版社
书　　号	ISBN 978-7-5690-3254-3
印前制作	四川胜翔数码印务设计有限公司
印　　刷	成都金龙印务有限责任公司
成品尺寸	185mm×260mm
印　　张	13.5
字　　数	248千字
版　　次	2020年7月第1版
印　　次	2020年7月第1次印刷
定　　价	55.00元

扫码加入读者圈

◆ 读者邮购本书，请与本社发行科联系。
电话：(028)85408408/(028)85401670/
(028)86408023　邮政编码：610065
◆ 本社图书如有印装质量问题，请寄回出版社调换。
◆ 网址：http://press.scu.edu.cn

四川大学出版社
微信公众号

卷首语

筑牢新时代高校思想政治工作高地

教育是国之大计、党之大计，高校的立身之本和首要使命在于立德树人。习近平总书记强调，要坚持把立德树人作为中心环节，把思想政治工作贯穿教育教学全过程。为了完成好高校立德树人的使命与任务，我们应当努力做好新时代高校思想政治工作，实现全员育人、全过程育人、全方位育人，共同筑牢新时代高校思想政治工作高地。

做好新时代高校思想政治教育工作，应当抓好思想理论建设这一根本，用真理的力量来凝聚思想共识，用马克思主义中国化的最新成果来武装头脑。《思想理论教育研究》坚持以习近平新时代中国特色社会主义思想为指导，深入学习贯彻全国高校思想政治工作会议精神、全国教育大会精神和总书记在学校思想政治理论课教师座谈会上的重要讲话精神，广泛汇聚高校知名专家学者、思想政治工作者和教育工作者的研究成果，广泛传播高校思想政治工作的特色经验，努力将自身打造成全省乃至全国高校思想政治教育战线的重要研究平台和前沿阵地。

《思想理论教育研究》第3辑设置了“学习贯彻习近平新时代中国特色社会主义思想”“高校思想政治理论课改革”“高校党的建设”“高校思想政治工作”“社会主义核心价值观建设”“校园文化建设”“理论与实践”共七个栏目，坚持以问题为导向，紧扣中国特色社会主义进入新时代这一历史方位新变化，着眼于“时代之需”“国家之需”“学生之需”，深刻认识和准确把握新时代高校思想政治教育规律，分别收录了高校在思想政治工作、意识形态工作、校园文化建设、思想政治理论课教学改革等方面的理论研究成果和实践案例。

育才造士，为国之本。我们将在习近平新时代中国特色社会主义思想的引领下，不忘初心、牢记使命，努力在高校思想政治理论研究上开创新局面、取得新突破、达到新高度，把理论成果转化为推动高等教育改革发展的强大动力，努力培养担当民族复兴大任的时代新人，为实现“两个一百年”奋斗目标、实现中华民族伟大复兴的中国梦提供有力人才支撑，以优异成绩迎接中国共产党成立一百周年。

目　录

学习贯彻习近平新时代中国特色社会主义思想

高校思想政治理论课改革

高校党的建设

高校思想政治工作

社会主义核心价值观建设

校园文化建设

理论与实践

学习贯彻习近平新时代
中国特色社会主义思想

XUEXI GUANCHE XIJINPING XINSHIDAI
ZHONGGUO TESE SHEHUI ZHUYI SIXIANG

习近平新时代中国特色社会主义思想教学体系研究[①]

陈　岗[②]

摘　要：构建习近平新时代中国特色社会主义思想教学体系，必须按照思想政治理论教育教学规律，围绕教学体系构成要素与环节，突出需要实现的目标，帮助大学生全面、系统地把握习近平新时代中国特色社会主义思想的理论内涵与精神实质。

关键词：习近平新时代中国特色社会主义思想　教学体系　实效性

习近平新时代中国特色社会主义思想是对马克思列宁主义、毛泽东思想、邓小平理论、“三个代表”重要思想、科学发展观的继承和发展，是马克思主义中国化最新成果，是中国特色社会主义理论体系的重要组成部分。中国特色社会主义进入新时代，要实现“两个一百年”目标，必须推动习近平新时代中国特色社会主义思想入脑入心，发挥其统一思想、凝聚力量、指导实践的积极作用。当代大学生是中国特色社会主义事业的建设者与接班人，肩负着实现民族复兴的重大使命，必须将习近平新时代中国特色社会主义思想内化为精神信仰，外化为具体实践，深刻领会这一思想的实质与内涵。而要实现

---

① 本文为2018年四川省大学生思想政治教育中心项目“习近平新时代中国特色社会主义思想教学体系研究”（项目编号：CSZ18050）及四川文理学院2017—2019年校级教育教学研究与改革项目（项目编号：2017JY13）阶段性成果。

② 陈岗，四川文理学院川陕革命老区振兴发展研究院教授，主要研究方向为思想政治教育。

以上目标，最重要的就是遵循思想政治理论教育教学规律，依托课程教学体系构成要素和逻辑结构，构建习近平新时代中国特色社会主义思想教学体系。

一、价值意义：习近平新时代中国特色社会主义思想教学体系的构建

党的十八大以来，以习近平同志为核心的党中央在我国改革开放和现代化建设的伟大实践中，深刻回答了新的时代条件下党和国家发展的若干重大理论和现实问题，中国特色社会主义进入了新时代。新时代有新的蓝图要绘制，要不断面临新征途上的各种挑战，这就需要有新的思想来指导。要在新时代让中国真正实现从富起来走向强起来，展示中国特色社会主义的强大生命力和蓬勃生机，讲好中国故事、传播中国声音，就必须发展出与时代发展匹配的理论，并在实践中丰富、完善。

为推动党的十九大精神的贯彻落实，实现习近平新时代中国特色社会主义思想的“三进”（进课堂、进教材、进头脑）工作，要将现有的思想政治理论课统编入教材，将“四个全面”等思想列入教学内容。同时，在“形势与政策”的课堂教学中，也要将与习近平新时代中国特色社会主义思想相关的内容以专题的形式进行宣讲。但是，由于理论创新前瞻性与教材内容滞后性之间存在一定的矛盾，一系列思想政治课程教材难以及时、系统、全面、概括地反映习近平新时代中国特色社会主义思想。至于“形势与政策”课程，尽管其时效性较强，但仍然受到学时、学分、教学方式以及教学内容的限制，学生在接受相关理论学习教育的过程中，对其内容的学习和领会存在过于碎片化等问题。

为此，开展习近平新时代中国特色社会主义思想教学体系的研究，有助于学生及时、全面、系统地了解并把握习近平新时代中国特色社会主义思想的内涵与精神实质。同时，也要以教学体系为载体，探索党最新理论成果的实施途径与手段，发挥高校在宣传党创新理论方面的主渠道、主阵地作用。

二、目标任务：习近平新时代中国特色社会主义思想教学体系的设计

习近平新时代中国特色社会主义思想教学体系设计以党的十八大、十九大精神为指

导，紧密联系新时代下现实中国的政治语境，以相关文献解读与实证研究为基础，综合运用政治学、历史学、教育学等学科理论与方法，遵循思想政治理论教育教学规律，围绕教学体系的构成要素与环节，构建理论研究的技术线路，旨在实现以下四个目标。

一是凝练教学资源。以党的十九大报告为研究切入点，结合《习近平总书记系列重要讲话读本》，按照教学体系构建的规律与要求，认真解读讲话所提供的信息，考其源流，揭其内涵，挖掘习近平新时代中国特色社会主义思想所蕴含的教学资源。

二是构建教学专题。以凝练的教学资源为基础，围绕教学的目标与任务，制订教学计划，构建教学体系，设定学时、学分，同时把课程纳入学生成绩考核体系，拟定教学专题，以此系统、全面地阐释习近平新时代中国特色社会主义思想。

三是创新教学方式。习近平新时代中国特色社会主义思想理论性较强，要保证教学实效性及学生获得感，需要相关部门进行合理配合，杜绝马克思主义学院在教学中单兵突进，要与相关部门密切联系、沟通，合力推进，通过课堂教学、实践教学、网络教学等形式，完成相关专题的教学。课堂教学侧重理论的分析和阐释，实践教学强化学生的体验与感悟，网络教学突出视听冲击和互动。

四是考评教学实效。以教学目的是否实现作为教学实效的考评标准。如在教学过程中，学生是否把握住了习近平新时代中国特色社会主义思想的内涵及实质，是否强化了对中国特色社会主义“四个自信”的认识，是否牢固树立了社会主义核心价值观。

三、构成要素：习近平新时代中国特色社会主义思想教学体系的逻辑结构

如前所述，为推进习近平新时代中国特色社会主义思想的“三进”工作，高校在教育教学过程中已经或多或少地在现有的思想政治理论课教材中纳入了相关内容，部分课程以马克思主义中国化的视野，按照理论形成、理论发展、理论答疑的逻辑体系对习近平新时代中国特色社会主义思想进行了较为全面的介绍，其内容理论性较强，凸显了习近平新时代中国特色社会主义思想与毛泽东思想、邓小平理论、“三个代表”重要思想、科学发展观等马克思主义中国化理论既一脉相承又创新发展的关系。

但是，如果在教学过程中照本宣科，其理论的抽象性必然会导致学生在学习过程中产生枯燥乏味的感受，其学习的主动性难以调动。因此，在习近平新时代中国特色社会

主义思想的教学过程中，要充分考虑学生的认知习惯和学习特点，设计出有利于知识传播、便于学生接受的教学体系。一般来说，设计教学体系依赖于教材体系，但又不等同于教材体系。教材体系的理论性、规范性和整体性较强，而教学体系则更注重实效性、生动性和具体性。基于这种区别，我们认为，有必要对现行教材有关习近平新时代中国特色社会主义思想的内容进行再梳理，在教学过程中按照其内在逻辑进行去粗取精和由此及彼的系统性把握。

习近平新时代中国特色社会主义思想教学体系的设计必须在深刻领会党的十九大报告以及认真学习《习近平总书记系列重要讲话读本》《习近平谈治国理政》等文本的基础上，围绕教学体系要实现的目标，按照建构教学体系的基本原则来展开，进而设计教学体系的主要内容。基于此，习近平新时代中国特色社会主义思想教学体系的主要构成应包括如下几个方面。

（一）教学目的

按照教学体系的逻辑要求和相关要素的内在关系，构建习近平新时代中国特色社会主义思想教学体系，其目的就是帮助大学生用科学理论武装头脑，树立正确的世界观与方法论，牢固树立对中国特色社会主义的四个自信，把握新时代马克思主义中国化的最新理论成果，并用之处理新时代中国特色社会主义发展过程中出现的问题和矛盾，发挥理论答疑、解惑的作用。

（二）教学内容

按照学生的认知心理，在借鉴教材相关内容的基础上，以党的十九大报告为指导，充分结合学术界最新研究成果，将习近平新时代中国特色社会主义思想的“八个明确、十四个坚持”概括为“八论”，即主要矛盾论、民族复兴论、“两个布局”论、发展理念论、国防军队建设论、人类命运共同体论、党的建设论以及方法论，即贯穿这些理论的立场、观点、方法。将以上“八论”设计为八个专题，组织学生学习，回应现实重大的热点、难点及焦点问题。

八个专题的教学要突出重点，强调实践性，体现习近平新时代中国特色社会主义思想这一科学体系内容的完整性、逻辑的严密性、理论的传承性。

如“矛盾论”的讲述，要使学生认识到：主要矛盾论的转变是习近平新时代中国特色社会主义思想形成、展开的逻辑起点，是新时代党制定路线方针政策的基本依据，是党对中国社会发展变化即国情认识的具体体现。

党的十九大明确指出，新时代中国社会的主要矛盾已转化为人民日益增长的美好生活需要和不平衡不充分发展之间的矛盾。教学中，如何从历史、现实、未来三个维度把握“转化”是值得关注的重点。

再如“两个布局”论的阐释，要突出问题意识，使学生真正了解，“五位一体”的总体布局和“四个全面”的战略布局是习近平新时代中国特色社会主义思想系列理论展开的统领和目标实现的路径，是其灵魂和精髓所在。教学中，要突出其重要性和必要性，使学生充分认识到“五位一体”“四个全面”是党在新时代推进中国特色社会主义发展过程中“定方向”“谋大局”“促协调”全面、科学、系统的选择。

（三）教学形式

内容决定形式，形式体现内容，多元、立体的教学形式是将教学体系转化为信仰认知的有效手段。习近平新时代中国特色社会主义思想作为一种理论思维与实践认知的结合体，在教学形式上必然要要求多元立体。随着互联网信息技术的发展以及各类智能应用工具的普及，不同教学形式独立运行或交叉融合已变为可能。

教学中，以专题内容和学生认知特点为依据，有意识地采取针对性教学形式有助于提高教学实效性，通过“课堂教学”“实践教学”“网络教学”等形式，或者利用好“第一课堂”“第二课堂”“第三课堂”等，完成“八个专题”的学习。其中，“两个布局”论、思想方法论、党的建设论以课堂教学的方式实施；主要矛盾论、发展理念论以实践教学的方式实施；民族复兴论、国防军队建设论、人类命运共同体论以网络教学的方式实施。

（四）教学保障

安排足够的学时是学生全面把握习近平新时代中国特色社会主义思想的前提条件，习近平新时代中国特色社会主义思想作为新时代中国特色社会主义理论，内容丰富、内涵深邃，既兼顾历史，又着眼未来，统筹世界，因此，要把握其内容，必须联系实际，静下心来，仔细思考，坚持以问题为导向。

规定学分是教学体系顺利实施的重要保证，课程学分不能平均分配，在权重方面，应该向习近平新时代中国特色社会主义思想理论学习倾斜，以凸显其重要性。

考核不能走形式，杜绝以文代考，既要重视过程考核，又要在学习完之后进行试卷考测；试卷设计上既要体现相关知识点，更要运用相关理论分析现实，从理论中找出解决现实问题的思路与方法。

（五）教学评价

教学评价是评判教学体系设计是否科学、合理的重要依据，其评价要以学生是否有“获得感”为导向，把教学目标是否实现作为教学实效考评的总原则。

既然是评价，就应该制定相应的评价标准，设定评价的指标，并且要求指标的设置既全面系统，又科学规范，同时凸显运行有效。要实现评价的目标，从组织管理、教学专题、队伍建设、教学形式、体系运行五个领域构建综合评价体系，每个评价领域需要选取或设置多个评价指标，以支撑这一领域对应的目标实现、任务完成。

四、结语

任何理论思维都是一个开放的体系，可以在实践中不断发展，不断创新。习近平新时代中国特色社会主义思想作为新时代中国特色社会主义理论，也在不断发展和实践的过程中走向丰富与创新。同时，伴随着教育对象认知习惯和认知心理的变化，习近平新时代中国特色社会主义思想教学体系也不是一成不变的，会在教育教学实践中日益完善，从而适应时代的变化。

此外，我们在教学体系的具体实施过程中，对出现的一些影响教学效果的细节问题进行了修正，不断完善教学体系构成要素与环节，与学校宣传部门、学工部门通力合作，虚心听取相关意见与建议，充分发挥学生的主动性和创造性，不断在教育教学中总结经验与教训。

浅析马克思教育与生产劳动相结合思想及其当代启示

赵　艳[①]

摘　要：教育与生产劳动相结合思想是马克思、恩格斯关于教育的重要论述，是马克思主义理论宝库的重要组成部分。本文在对马克思教育与生产劳动相结合思想的理论渊源、核心内容和精神实质进行详细解析的基础上，结合当前我国劳动教育的实践，具体论述了马克思教育与生产劳动相结合思想对我国的当代启示。

关键词：马克思主义　劳动教育　当代启示

伟大事业需要有坚实的人才根基，青少年是祖国的未来、民族的希望。2018 年 9 月 10 日，习近平总书记在全国教育大会上指出，要坚持中国特色社会主义教育发展道路……培养德智体美劳全面发展的社会主义建设者和接班人[②]，第一次在我国的教育体系构建中纳入了“劳”的目标，劳动教育的地位空前提升。要正确地理解并有效地贯彻落实总书记对我国教育体系提出的新要求，需要从多方面着手。其中，从马克思主义的经典文献中汲取养料不失为一个有效方法。马克思早在 19 世纪就精辟论述过教育与生产劳动相结合的思想，追溯其理论渊源，把握其核心内容和精神实质，对于推动我国劳

① 赵艳，四川大学马克思主义学院硕士研究生，主要研究方向为思想政治教育。

② 习近平：《坚持中国特色社会主义教育发展道路 培养德智体美劳全面发展的社会主义建设者和接班人》，新华网，2018 年 9 月 10 日。

动教育实践具有重要的借鉴意义。

一、马克思教育与生产劳动相结合思想的理论渊源

追溯马克思教育与生产劳动相结合思想产生的理论渊源，理清其形成过程及时代背景，是正确理解和科学把握其主要内容、精神实质和当代启示的基本前提。

教育与生产劳动相结合，并不是由马克思、恩格斯首先提出来的。16 世纪欧洲文艺复兴时期，英国早期空想社会主义者托马斯·莫尔在《乌托邦》中就提出每一个乌托邦人都必须一面在学校里学习农业知识，一面在田野里劳动和观察的主张。17 世纪的约翰·贝勒斯、18 世纪的卢梭、18 至 19 世纪的裴斯泰洛齐都持类似观点，认为要把学习知识和农业、手工劳动放在一个统一的过程中结合起来。19 世纪上半期，空想社会主义者欧文从工厂制的生产和少年儿童身心发展的需要出发，提出了教育与生产劳动相结合的思想，他认为青年一代要在机械和化学力量的协助下，建立起自己的生产劳动体系。可以看出，欧文的教育与生产劳动相结合的思想较之于莫尔、约翰·贝勒斯、卢梭、裴斯泰洛齐的思想前进了一大步。同时，欧文还将自己的主张付诸实践，开办了儿童教育专门机构及工业学校和农业学校，但由于历史的局限和社会制度的束缚，欧文的试验以失败告终。

马克思教育与生产劳动相结合的思想受到了上述资产阶级进步经济学家、民主主义教育家和空想社会主义者理论和实践的巨大影响，但是它又不仅仅产生于这些理论和实践，事实上，这一思想更多地源于他对资本主义制度下国民经济学呈现出的事实、规律的分析以及他对现代生产和现代科学的革命性及其和现代教育相互关系特点的揭示，从而使教育与生产劳动相结合的思想由空想变成了科学。在马克思和恩格斯的时代，资本主义工业不断发展，大工业的本性决定了劳动的变换、职能的更动和工人的全面流动性，使大量资本和大批工人从一个生产部门投入另一个生产部门。为了使工人能够适应这种劳动职能以及社会内部分工的快速变换，就要求劳动者通过接受教育，掌握生产过程的原理，提高劳动能力和生产效率，适应从一个部门转到另一个部门的需要，这意味着劳动和教育相结合在理论上具有相互融合的必然性。同时，伴随着资本主义工业的不断发展，资本家为了榨取更多的利润，开始无限制地使用低贱的劳动力，把少年儿童束

缚在机器旁从事简单的操作，使其成为机器的一部分，残酷地摧残他们的身体并且剥夺他们受教育的基本权利，使他们不能掌握技术和专长，这意味着他们从此失去了就业竞争的优势，只能供资本家无限压榨和剥削，这也是马克思教育与生产劳动相结合思想提出的现实性。其旨在通过工人阶级的斗争，迫使资产阶级立法机关把童工教育列入工厂法的教育条款，为工人阶级的子女争得半工半读的权利，从而提高他们的素质，增强他们对职业流动的适应性。

二、马克思教育与生产劳动相结合思想的核心内容与精神实质

根据马克思、恩格斯在多部著作中关于教育与生产劳动相结合思想的精辟论述，可归纳出其具有以下核心内容和精神实质。

（一）未来社会要取消童工劳动而不是所有形式的劳动

马克思、恩格斯在多部著作中都曾指出，工人阶级子女在工厂中受到残酷迫害，面对这种情况，马克思、恩格斯把教育同物质生产劳动相结合写进了《共产党宣言》，对所有儿童实行公共的和免费的教育。取消现在这种形式的儿童的工厂劳动。把教育同物质生产结合起来，等等，作为共产党行动纲领的主要内容之一。马克思、恩格斯认为，在无产阶级专政的国家中，不仅要让所有的儿童接受公共和免费的教育，而且一定要取消当时资本主义残酷压榨下的童工劳动。但并不意味着马克思、恩格斯认为一切形式的劳动都应该被取消。随后，马克思在1866年撰写的《临时中央委员会就若干问题给代表的指示》中进一步重申了这一观点，他认为，现代工业吸引男女儿童和少年参加伟大的社会生产事业，是一种进步的健康的合乎规律的趋势，虽然在资本主义制度下它是畸形的。在合理的社会制度下，每个儿童从9岁起都应当像每个有劳动能力的成人那样成为生产工作者，应当服从普遍的自然规律，这个规律就是：为了吃饭，他必须劳动，不仅用脑劳动，而且用双手劳动。并且，针对哥达纲领所提出的禁止儿童劳动，马克思也进行了尖锐的批判，他认为普遍禁止儿童劳动是同大工业的存在不相容的，这只能是空洞的虔诚的愿望。这表明，马克思认为，推翻资本主义制度后，无产阶级专政国家中的儿童和少年也必须参加劳动，这是普遍的自然规律，只是说需要严格按照儿童的年龄去调节或者限制劳动时间并采取其他保护儿童的预防措施。

（二）提高社会生产改造现代社会、造就全面发展的人

马克思在其伟大论著《资本论》中阐述了教育与生产劳动相结合的重大意义。他指出，工厂制度中萌发了未来教育的幼芽，未来教育对所有已满一定年龄的儿童来说，就是生产劳动与智育和体育相结合，它不仅是提高社会生产的一种方法，而且是造就全面发展的人的唯一方法。这句话有两层含义，第一层含义，提高社会生产。在资本主义大工业生产条件下，一个明显的趋势就是产品中的科技含量越来越高，这意味着对工人素质和技术水平的要求也越来越高。换句话说，机器生产同科学技术的联系决定了它与教育的内在联系，机器大工业生产要求必须通过教育去提升劳动者的科学文化水平和素质，从而持续不断地培养、训练一批批准劳动力大军，提高资本主义生产的效率，促进生产力的发展。同时，生产力的不断发展将为社会主义革命提供物质前提，为全社会共同占有生产资料和共同组织社会化生产准备充分的物质条件和社会条件，故马克思于1875年在《哥达纲领批判》中指出，生产劳动和教育的早期结合是改造现代社会的最强有力的手段之一。第二层含义，教育与生产劳动相结合，这也是促进人的全面发展的根本途径。恩格斯认为，教育将使年轻人能够很快熟悉整个生产系统，将使他们能够根据社会的需要或者他们自己的爱好，轮流从一个生产部门转到另一个生产部门。因此，教育将使他们摆脱现代这种分工给每个人所造成的片面性。换句话说，要想使人们摆脱与资本主义私有制相联系的旧分工给每个人所造成的片面性，从而获得与大工业的技术基础相适应的尽可能多方面的发展，成为有各方面知识才能的、脑力劳动与体力劳动相结合的全面发展的人，必须要通过教育，使工人掌握机器与大工业中的科学原理，提高自身的劳动能力，它们是目的与手段之间的关系。

（三）体现无产阶级的利益和要求

马克思根据当时的政治、经济、社会背景以及社会生产和劳动分工状况，在对资本主义生产及其矛盾进行具体分析的基础上提出的教育与生产劳动相结合的思想鲜明地体现出了无产阶级的利益和要求。马克思认为，在当时的资本主义条件下，应该给予在工厂受到残酷压榨的工人阶级的子女受教育的权利。此外，他认为劳动是人的本质，是人一种自由自觉的活动，本应该属于劳动者自身，但是在一定的社会条件制约下，劳动变成了一种带有强迫性的活动，工人在劳动活动中受到限制，不能自由、自觉地发挥自己

的才智和能力，不能愉悦、幸福地享受劳动，从而不能实现自己的本质。教育与生产劳动相结合，使劳动从私有制和异化劳动的奴役和束缚中解放出来，这时，劳动会充满自由和快乐，工人的身心得到彻底的解放，每一个社会成员都能够完全自由地发展和发挥他的全部才能和力量，从而实现人的全面发展。因此，可以认为，马克思教育与生产劳动相结合的思想无论是基于争取工人及其子女受教育的民主权利的现实目的，还是实现人的全面发展的长远目的，都与变革社会制度的政治斗争紧密结合，鲜明地体现出无产阶级的利益和要求。

三、马克思教育与生产劳动相结合思想的当代启示

马克思在剖析资本主义社会的基础上得出的教育与生产劳动相结合的思想，不仅在19世纪产生了极大的影响，而且对于推动我国当前劳动教育实践具有重要启示。

（一）提高对贯彻马克思教育与生产劳动相结合思想的必要性和迫切性的认识

马克思关于教育与生产劳动相结合的思想，揭示了教育与科学、教育与经济、教育与社会、教育与人的发展之间的内在联系和规律，具有科学的合理性和普遍的适用性。自中国共产党成立以来，党中央就一直坚定不移地秉持马克思教育与生产劳动相结合的思想，重视劳动教育。

那么贯彻马克思教育与生产劳动相结合思想的迫切性又如何理解呢？一方面，21世纪以来，市场经济深入发展，利益调整和劳动关系发生了重大变化，特别是伴随着互联网的普及和人工智能的发展，机器开始部分取代人工，体力劳动在生产生活中的地位开始下降，劳动的作用和地位出现日渐消解的趋势，特别是在我国青少年范围内，劳动崇高和劳动伟大的意义正逐渐衰减；另一方面，当前我国面临着新技术革命和和平演变的双重挑战，青少年阶段是人生的“拔节孕穗期”，其重要性显而易见。习近平总书记在学校思想政治理论课教师座谈会上的讲话中指出：“我们党立志于中华民族千秋伟业，必须培养一代又一代拥护中国共产党领导和我国社会主义制度、立志为中国特色社会主

义事业奋斗终身的有用人才。在这个根本问题上，必须旗帜鲜明、毫不含糊。”① 学校作为培养人才的重要场所，今天培养什么样的人与明天国家走什么样的道路息息相关，这对我国的教育人才培养目标也提出了新的更高的要求。因此，2018 年 9 月 10 日，习近平总书记在全国教育大会上第一次在我国的教育体系构建中纳入了“劳”的目标，指出要培养德智体美劳全面发展的社会主义建设者和接班人，党和国家对马克思教育与生产劳动相结合思想的重视程度可见一斑，劳动教育的地位空前提升。因此，对于社会中部分存在的淡化、漠视劳动教育的现象和趋势，我们必须及时加以纠正，引领整个社会深刻地认识劳动教育的重要地位，提高对贯彻马克思教育与生产劳动相结合思想的必要性和迫切性的认识。

（二）有效贯彻马克思教育与生产劳动相结合思想的实践思维

1. 以马克思教育与生产劳动相结合的思想为根本遵循

马克思教育与生产劳动相结合的思想主要是指在当时的资本主义条件下，给予在工厂受到残酷剥削的儿童受教育权利的问题。当前，我国消灭了资本主义剥削，劳动人民成为国家的主人，童工现象几乎不复存在，党和国家在全社会普及义务教育，关怀年青一代的成长。但是，我们必须明确，虽然我们现在所处的时代与马克思提出教育与生产劳动相结合思想时所处的时代截然不同，但是，这并不意味着马克思教育与生产劳动相结合的思想所揭示的现代社会发展的客观规律就发生了变化。新时期，社会主义国家实行劳动教育仍然没有背离马克思教育与生产劳动相结合思想的精神实质，即它仍然体现着无产阶级的利益和要求——逐步消灭工农差别、城乡差别、体力劳动与脑力劳动之间的差别，最后实现共产主义和人的自由而全面的发展。

2. 以新时代赋予劳动教育的新内涵为突破口

以马克思教育与生产劳动相结合的思想为根本遵循并不意味着我们要完全吸收马克思针对当时的具体情况所采取的主张，因为在新的时代条件下，教育与生产劳动相结合被赋予了新的内涵。以人工智能、大数据、云计算、物联网等为标志的科技因素使生产劳动的内容有了新的拓展，它既包含脑力劳动，也包含体力劳动；既包含简单劳动，也

---

① 习近平：《用新时代中国特色社会主义思想铸魂育人 贯彻党的教育方针 落实立德树人根本任务》，新华网，2019 年 3 月 18 日。

包含复杂劳动；既包含创造性劳动，也包含重复性劳动；既包含生产性劳动，也包含非生产性劳动。然而当前，社会上对生产劳动及劳动教育还存在诸多片面甚至错误的理解，主要表现为：要么单纯地将劳动简单看成是体力劳动、重复劳动或者没有创造性的农业劳动，将劳动教育理解为在学校划分劳作区域让学生“下田种菜”；要么认为劳动教育就是教授新的劳动生产技术等。类似这种肤浅、机械的认识，极大地阻碍了劳动教育在我国的推进，必须及时加以澄清。因此，明晰劳动及劳动教育在新的时代条件下的新内涵，成为推动我国的劳动教育实践的突破口。

3. 以培育劳动价值观为主要目的

实现人的全面发展是马克思教育与生产劳动相结合思想的长远目的，鲜明地体现出了无产阶级的价值追求，需要一代又一代共产党人接力奋斗才能实现。因此，为了实现这一长远目的，还必须根据不同的时代要求确定不同的具体目的。新时代，劳动教育的具体目的是多维的，包括使学生培育积极的劳动态度、养成良好的劳动品德、掌握必备的劳动知识技能、形成正确的劳动价值观等，其中主要目的是促使学生形成正确的劳动价值观。因为，新时代劳动教育不是出于功利化的利益获取，也不是出于某种技术技能的教授和训练，更不是对学生犯错后采取的惩罚手段，而是要帮助学生学会品尝劳动所带来的愉悦，懂得劳动最光荣，树立创造性劳动的人生观、价值观，是一种育人成人教育。新时代的劳动教育要发挥价值观对人的引领作用，在此基础之上强化劳模精神和工匠精神，注重学生家国情怀的培养和生成，使其成为实现中华民族伟大复兴的有力人才。

4. 以更新劳动教育的实施方式为着力点

马克思针对资本主义社会中对童工的残酷剥削所提出的具体实施主张，应该在新的社会制度和新的时代条件下做出新的调整，具体可以从以下几方面着手。一是在顶层设计上，构建科学规范的劳动教育制度体系，恢复和完善分管劳动教育的机构设置。二是在保障上，各级党委和政府要做好财政支持和法律保障，健全与劳动教育体系相适应的实践基地、设备配备标准、管理制度和评价制度等。三是把劳动教育融入家庭，家长要转变观念，重新审视劳动教育的价值。四是把劳动教育融入学校，在课程教学、学生管理以及校园文化等方面进行全方位渗透。五是把劳动教育融入社会实践，在社会生活的大课堂中亲身感受劳动的意义，激发劳动情感，掌握劳动技能，塑造劳动意志。值得注意的是，以上任何一个环节都不是孤立的，而是需要各方面相互配合、相互促进，使劳动教育经常化、日常化，形成教育合力，从而推动劳动教育的发展。

参考文献：

[1] 中共中央马克思恩格斯列宁斯大林著作编译局. 马克思恩格斯选集：第 1 卷 [M]. 北京：人民出版社，2012.

[2] 刘媛媛. 马克思劳动教育思想及其当代价值 [D]. 济南：山东大学，2016.

[3] 胡君进，檀传宝. 马克思主义的劳动价值观与劳动教育观——经典文献的研析 [J]. 教育研究，2018 (5).

[4] 徐长发. 新时代劳动教育再发展的逻辑 [J]. 教育研究，2018 (11).

新时代中国青年的历史使命探析

刘光聪[①]

摘　要：党的十九大报告指出，青年兴则国家兴，青年强则国家强。可见，青年的发展与国家的发展紧密联系在一起。在新时代的发展背景下，国家的发展战略是实现中华民族伟大复兴。对此，中国青年应该如何做，承担怎样的历史使命等问题是值得我们思考的。这对于实现中华民族伟大复兴的战略目标具有重大的理论价值和实践价值。

关键词：新时代　青年　历史使命

探讨新时代青年历史使命的主要内容，有利于青年明确自身的责任和任务，努力发展和奋斗。新时代青年要承担起实现中华民族伟大复兴的历史责任，主要需要从两方面去把握：一是外部环境，二是青年自身。

一、外部环境

马克思、恩格斯曾指出："人创造环境，同样环境也创造人。"这句话表明，人与环

---

① 刘光聪，四川大学马克思主义学院硕士研究生，主要研究方向为马克思主义理论。

境的关系是辩证统一的，强调客观环境对人的影响和发挥人对于客观环境的主观能动性。其中人是内因，环境是外因。内因决定外因，也就是有什么样的人就创造什么样的环境；外因通过内因起作用，也就是环境是通过人来影响人的。为了让更多的青年意识到自身的历史使命，除了唤醒青年自身的使命意识，也要营造一种具有使命感的环境氛围，通过教育来增强青年的责任心。

（一）加强使命教育

加强使命教育，需要多方力量的整合。共青团作为党和政府联系青年的桥梁和纽带，更须做好青年思想的引导工作，帮助其认识自身所担当的历史责任。学校可以开展主题教育活动，营造良好的校园氛围，把青年学生带入特定的历史情境，加深其对历史使命的认识，从而更好地引领青年奋发图强，增强其使命意识。再者，可通过青年干部来影响同龄人。同龄人之间可以更好地交流，也更易进行思想观念的传播，在青年与青年之间营造一种良好的、积极的氛围，使他们充分认识到自己的责任和使命。

（二）加强国情教育

青年要担负起历史使命，首先要认清我国的国情。进入新时代，我国的主要矛盾已经发生了变化，但也要清醒认识和正确把握好我国仍处于并将长期处于社会主义初级阶段这一基本国情，认识到我国的发展仍然不充分、不平衡。这需要中国青年奋发向上，努力学习科学知识，为祖国做出自己的贡献。此外，在意识形态领域，西方从未停止对我国的渗透，我们也需看清其真面目，意识到国家安全的防线不可破。网络空间方面的情况也很复杂，青年们要认清这一现实，提高自身的警惕性。意识形态领域的斗争就像一场没有硝烟的战争，我们要树立忧患意识，时刻保持清醒，不妄自尊大，也不妄自菲薄，对自己的历史使命始终怀有清醒的认识。

（三）加强榜样教育

榜样的力量是无穷的。榜样有利于帮助青年树立正确的理想，指导其明确人生的发展方向。特别是同龄人的榜样，更能激发青年的斗志。同龄人与同龄人之间有一种莫名的吸引力，因其成长的方向、阶段、经历相似，更容易对对方产生认同感，也更易效仿其行为和交流。在新时代，我们国家也组织了青年榜样评选的活动，为的就是激励青年奋发图强，促进其承担实现中华民族伟大复兴中国梦的历史使命。榜样有无穷的力量，能够温暖人、鼓舞人、启迪人。加强榜样教育，对于唤醒青年的历史使命与担当意识具有重大的激励作用。

二、青年自身

有了外部环境的助推，还得靠青年自身的践行。这样，才能使青年群体的力量发挥到极致。内力和外力在事物的发展过程中共同起作用，在这一过程中，青年自身需要把握以下几个方面。

（一）坚定理想信念

理想作为一种精神现象，是人类社会实践的产物。从某种程度上来说，理想是人们在实践中形成的、对未来社会和自身发展的向往和追求，是人们世界观、人生观和价值观在奋斗目标上的集中体现。理想是人生的奋斗目标，它不同于幻想，也不同于空想和妄想，是一种合理的想象。没有理想，人就失去了前进的动力，也会迷失自身的方向。信念是对事实或必将成为事实的判断、观点或看法，它可以坚定人在实现自身理想过程中的信心，所以，我们常常把理想和信念放在一起来探讨。理想指引人生方向，信念决定事业成败。中国梦是全国各族人民的共同理想，也是党和国家的理想，更是青年一代应树立的远大理想。青年与祖国、人民、党的命运休戚相关，必须把个人理想融入社会理想，把个人需求和社会需求相结合。只有这样，才能书写华丽的人生篇章。也只有把理想信念放在大的格局和高度内，才更有意义、更有价值。

（二）练就过硬本领

打铁还需自身硬。广大青年不仅要敢于担当历史使命，还得能担当历史使命。青年时期，是人最有精力、最有体力的黄金时期，应该把握这样的美好时光，努力发奋学习，增长科学文化知识和人文知识，提升自己的综合素质。青年的本领是从学习中得来的，我们应把学习当成一种精神需求、一种生活方式和一种责任。梦想的实现是基于知识的积累，没有知识，谈何理想，谈何成就。把学习放在重要的位置，是我们练就过硬本领的前提。在新时代，我们要学会自主学习、全面学习、创新学习、终身学习，除了有字之书，我们还要读无字之书，只有这样，才能掌握真才实学，从而在学习和实践中提升自身的综合能力，练就一身真本领。

（三）勇于创新创造

创新是一个民族进步的灵魂，是一个国家向前发展的动力，也是推动人类社会向前发展的重要力量。没有创新创造，我们就会裹足不前，难以适应时代的发展；没有创新创造，就难以满足人民日益增长的美好生活需要，也无法实现中华民族的伟大复兴梦。创新是提升我国综合国力的关键，青年要充分发挥自身的聪明才智，敢于创新创造、勇于创新创造。

（四）矢志艰苦奋斗

矢，指射出去的箭。志，指志向。矢志，比喻立下誓愿和志向，以表决心。艰苦奋斗精神是中华民族的传统美德，中华民族向来以吃苦耐劳、勤俭节约著称于世。艰苦奋斗也是我们党的一大优良传统。没有艰苦奋斗精神，那二万五千里长征就走不下去，就不会有今天的中国，也就不会有来之不易的和平环境。艰苦奋斗是一种不怕困难、奋发图强、勇于拼搏，乐于为国家和人民的利益而奉献的顽强斗争精神。邓小平同志曾说："我们的国家越发展，越要抓艰苦创业。"① 在新时代，人们的生活水平得到了很大的提升与改善，此时，我们更需要发扬锲而不舍、走出舒适圈的勇气，从小事做起，踏踏实实做好每一件事，切莫半途而废。青年处于人生的黄金时期，此时不奋斗、此时不刻苦，更待何时！世界变化日新月异，新时代对人才的要求也越来越高，竞争也越来越激烈。在青年时期，只有好好奋斗，增长知识和才干，才能不负时光、不负青春。此外，青年在奋斗过程中肯定会遭遇挫折。此时，我们要用正确的态度来对待，把挫折看成人生的必要组成部分，变挫折为动力，勇于从中汲取经验，不断提升自己。

（五）锤炼高尚品格

高尚的道德品质是一个人的立身之本。意大利诗人但丁曾说过："一个知识不全的人可以用道德去弥补，而一个道德不全的人却难以用知识去弥补。"只有具有高尚道德品质的人才可以既"利己"，又"利他"。我国要把青年培养成德智体美劳全面发展的社会主义建设者和接班人，而"德"则是放在第一位的。只有有了高尚的品格，才能担起

① 中共中央文献编辑委员会：《邓小平文选》（第三卷），人民出版社，2001年，第306页。

新时代的历史使命，做新时代的奉献者。青年在社会实践中要锤炼高尚品格，注重社会公德、职业道德、家庭美德、个人品德方面的修养，牢固树立社会主义核心价值观。在社会实践中，青年要充分认识自身，懂得反省自己，了解自身的优点与不足，发扬长处，弥补短处，从而更好地提升自己的能力和素质。

一个时代有一个时代的主题，时代呼唤使命，使命引领担当。新时代，青年应紧跟时代的步伐，不辜负党、国家和人民的寄托，勇担实现中华民族伟大复兴中国梦的历史使命。通过坚定理想信念、练就过硬本领、勇于创新创造、矢志艰苦奋斗、锤炼高尚品格、练就强健体魄来担起重任，书写壮丽的时代篇章。

改革开放以来我国农民思想政治教育的回顾与展望

纪志耿　游　玲[①]

摘　要：“三农”问题是关系国计民生的根本性问题。同时，“三农”问题的核心又是农民问题，因此，在中国特色社会主义建设过程中必须高度重视农民问题。本文的研究核心是农民思想政治教育，旨在回顾改革开放以来我国农民思想政治教育的发展历程。基于新时期乡村振兴战略的大力实施，本文就如何发展新时代的农民思想政治教育提出了几点展望：要因地制宜把握农民教育的时代内涵，开展多元化的农民思想政治教育活动，坚持农民主体地位，推动乡村人才振兴，从而推动新时期农民思想政治教育的优化发展。

关键词：改革开放　农民思想　政治教育　回顾与展望

中国自古以来便是农业大国，农民在农业发展和农村建设中占据主体地位。农民思想教育始终备受重视，也是党在社会主义建设过程中的重要工作内容之一。同时，农民教育在我国全面建设小康社会和实现中华民族伟大复兴的过程中发挥着基础性和全局性的重要战略作用。只有让农民接受全面教育，其自身素质得到全面提升，才能够发展好现代化农业，从而促进农村经济的发展。因此，回顾并总结改革开放以来我国农民思想

① 纪志耿，四川大学党委宣传部副部长、马克思主义学院教授，主要研究方向为马克思主义中国化。游玲，四川大学马克思主义学院硕士研究生。

政治教育的发展历程和重要经验，对于新时期进一步有效开展农民思想政治教育工作具有重要的理论和现实意义。

一、邓小平对农民思想政治教育思想的发展

邓小平作为我国改革开放和社会主义现代化建设的总设计师，在不断探索如何建设和发展中国特色社会主义社会的过程中十分重视农民教育问题，并且始终把农民思想政治教育放在农民教育的首要位置。他在继承和发展了马克思列宁主义和毛泽东关于农民思想政治教育观点的基础上，从我国改革开放时期的基本国情、农业生产情况和农民自身实际出发，同时基于我国经济文化相对落后的现实背景，就如何在农村有效开展农民思想政治教育提出了具体可行的工作措施，从而形成了社会主义建设时期邓小平关于农民思想政治教育的一系列科学论断。邓小平对农民思想政治教育思想的发展主要表现在以下三个方面。

（一）切实加强农村思想政治工作，提高农民思想道德水平

改革开放初期，邓小平曾指出："我们要在建设高度物质文明的同时，提高全民族的科学文化水平，发展高尚的丰富多彩的文化生活，建设高度的社会主义精神文明。"① 之后，邓小平再次强调"两手抓、两手都要硬"的方针。一方面，物质文明建设为精神文明建设提供了坚实的物质基础；另一方面，精神文明建设反作用于物质文明建设，为物质文明建设提供精神动力和思想保证。因此，在农民思想政治教育中，要将二者有机结合起来，推动社会主义建设不断取得新成就。

邓小平十分重视思想政治教育在农民教育中的地位，于1983年明确提出了关于农民思想政治教育的目标，是要培养"四有"新农民。同时，邓小平强调，要培养包括农民在内的全体公民成为"有理想、有道德、有文化、有纪律"的社会主义新人。其中，"有理想""有道德"作为思想政治教育的基本内容，也是对全体公民包括农民在内的社会主义建设者的基本要求。一方面，要教育农民自觉抵制封建主义落后思想和资产阶级腐朽思想的侵蚀，克服社会陋习，同时深入进行普法教育，增强法制观念，树立社会主

---

① 中共中央文献编辑委员会：《邓小平文选》（第二卷），人民出版社，1994年，第208页。

义新风尚；另一方面，积极对农民进行爱国主义、集体主义和社会主义教育，加强农村社会主义文化阵地建设，不断提高农民的思想道德素质和科学文化水平。

（二）广泛开展“五讲四美三热爱”，促进农村精神文明建设

随着经济建设的深入，农村一些深层次的思想问题也日益显露。一些农民在获取自身利益的同时也伤害了集体和国家的利益，部分人提出了“一切向钱看”的口号，一些农民为了发财不择手段，严重败坏了社会风气。针对这些情况，党和国家号召积极开展“五讲四美三热爱”活动，进行了新时期精神文明建设的初次尝试。

在“五讲四美三热爱”的一系列活动中，“五讲”是指“讲文明、讲礼貌、讲卫生、讲秩序、讲道德”；“四美”是指“心灵美、语言美、行为美、环境美”；“三热爱”是指“热爱祖国、热爱社会主义、热爱党”。首先，党和国家大力开展宣传教育活动，并成立“五讲四美三热爱”活动委员会，保障教育活动经常化。其次，坚持运用共产主义思想、道德教育农民，重点进行兼顾国家、集体、个人三者利益方面的教育，大力提倡劳动致富，先公后私，助人为乐。最后，把“五讲四美三热爱”活动与农村生产、生活相结合，结合各地具体情况制订乡规民约。

在全国范围内开展“五好家庭”“文明村镇”的评选活动，激发了农民群众对于文明生活的向往，巩固了农民思想政治教育的成果。

（三）完善家庭联产承包责任制，引导农民走向共同富裕

在社会主义现代化建设的关键时期，邓小平面对改革开放实现现代化的挑战，根据我国农村经济的现实情况和教育现状，在对以往经验进行总结的基础上明确提出，为了推动我国教育事业的繁荣和发展，要实施教育与生产劳动相结合的方针。为此，邓小平提出，“教育事业必须同国民经济发展的要求相适应”①。在农村，要大力实施“农科教结合”的方针，充分发挥农业、科技和教育三者的积极作用，通过加强对农民进行科技教育，促进农民的全面发展，提高农村的技术力量，进而推动农村教育改革。

邓小平指出，在社会主义建设的新时期，我们要将教育与生产劳动相结合作为指导方针，积极培育社会主义事业的建设者。② 首先，在农村改革过程中，要充分发挥农民

① 中共中央文献编辑委员会：《邓小平文选》（第二卷），人民出版社，1994年，第107页。
② 中共中央文献编辑委员会：《邓小平文选》（第二卷），人民出版社，1994年，第107页。

思想政治教育工作的积极作用，并将其与农村经济改革和实践有机结合起来，确保农村经济改革和建设能够取得重大成就，从而加强农村的社会主义阵地建设。其次，在农村积极发展多种经营方式，建立乡镇企业，使农村剩余劳动力能够充分发挥自身优势，积极投身农村经济建设。最后，在进一步稳定和完善家庭联产承包责任制的基础上，积极发展社会化服务体系，把集体经营的优越性和农民家庭经营的积极性结合起来，逐步壮大集体经济实力，引导农民走共同富裕的道路。通过提高农民的生产劳动积极性，推动农村经济的发展，促进我国社会主义建设不断取得新成就。

二、江泽民对农民思想政治教育思想的丰富

江泽民农民教育思想是在 20 世纪 80 年代国际和国内形势都十分复杂的环境下形成和发展起来的，这一思想对我国农民教育的进步和发展具有重要的理论和现实价值，对新时期的新农村建设也有一定的指导意义。1999 年 6 月，江泽民在第三次全国教育工作会议上的讲话中特别强调，要高度重视发展农村教育事业，各级各类教育都要把全面推进素质教育、提高受教育者的全面素质作为教育工作的战略重点。

（一）加强农民为国家社会做贡献和勤俭持家、艰苦奋斗的教育

江泽民指出，党的思想政治工作是经济工作和其他一切工作的生命线。一方面，江泽民在继承毛泽东和邓小平关于农民教育思想的基础上，进一步把农民思想政治教育摆在首位。1992 年 12 月，江泽民在农村工作座谈会上指出，在当前实行改革开放的背景下，更要高度重视对农民尤其是青年农民进行爱国主义、集体主义和社会主义思想教育。爱国主义教育、集体主义教育和社会主义思想教育都属于思想政治教育的范畴，要在农村深入开展思想政治教育，全方位提高农民抵御落后错误思想的能力，营造良好的农村社会风尚和文化氛围。

1995 年，江泽民基于新时期的基本国情科学地总结了农民思想政治教育的主要内容，指出要在农民群众中加强爱国主义教育、集体主义教育、社会主义市场经济基本知识、为国家为社会做贡献、勤俭持家、艰苦奋斗的教育。江泽民充分重视我国农村教育事业的发展，尤其高度关注农民思想政治教育是否落到实处，并根据实际发展需要不断丰富和发展农民思想政治教育的具体内容。相较于 1992 年提出的三大思想教育内容，

1995年的五大思想教育内容不仅注重农民自身素质的提高，而且也对国家和社会的发展起到了促进作用，为进一步推进农民思想政治教育工作提供了指导。

（二）注重农民科学文化教育，提出“科教兴农”战略思想

以江泽民为核心的党中央高度重视“教育与生产劳动相结合”这一重要教育方针。中共中央、国务院提出，各级各类学校要认真贯彻“教育必须为社会主义现代化建设服务，必须与生产劳动相结合，培养德、智、体全面发展的建设者和接班人”的方针。江泽民还指出，新时期我们必须全面正确贯彻落实党的教育方针，不断推动教育为社会主义服务，为人民服务，同时还要坚持发展教育事业与社会实践活动相结合。

江泽民在继承这一重要思想的基础上，结合社会主义市场经济发展的实际情况，提出了“科教兴农”战略思想。他强调，要想有效解决新形势下的“三农”问题，必须充分发挥教育和科学的促进作用，并明确指出，科教兴农战略包括两方面内容：一是科技，二是教育。①

科学技术是第一生产力，是先进生产力的集中体现和重要标志。在农村经济的发展中，科学技术同样扮演着重要的角色。农民要想熟练掌握科学技术，必须通过教育这一活动载体来实现。因此，在农村思想政治教育中，要将学习基础文化知识与农业科学技术结合起来，提高农民的文化素养和技术运用能力，从而促进农村的繁荣发展。

（三）注重运用先进典型事例影响和教育农民群众

1992年，党的十四大正式将建立社会主义市场经济体制作为我国经济体制改革的目标。随着我国社会主义市场经济的不断发展，农民思想政治教育也面临诸多新问题和新挑战，如经济成分和经济利益多样化、社会生活方式多样化、获取信息手段的多样化等。面对市场经济条件下农村的巨大变化，以江泽民为核心的第三代领导集体从实际出发，既敢于继承，又勇于创新，为农村的思想政治工作积累了宝贵的财富，也为21世纪的农民思想政治教育工作打下了良好的基础。

人民群众是历史的创造者，是物质文明和精神文明的创造者。我们党在思想政治工作中一向重视典型人物的宣传，用他们的先进事例来带动群众，感化群众，从而在人民

① 王玉东：《改革开放四十年我国农民教育思想的回顾与展望》，《中共南昌市委党校学报》，2018年第4期。

群众中掀起一股学先进、做先进的社会潮流。改革开放和现代化建设过程中涌现了一大批先进集体和先进个人，如1998年抗洪救灾中就有许许多多的英雄人物，他们不怕牺牲，奋不顾身，体现了高度的时代精神，是实践社会主义精神文明的楷模。在农民思想政治教育过程中，各级组织采取电视、录像、事迹报告会、宣讲团、座谈会等形式，大力宣传他们的感人事迹和高尚品质，逐渐形成了一股崇尚先进、学习先进、争当先进的社会潮流。

三、胡锦涛对农民思想政治教育思想的充实

胡锦涛在继承邓小平农民教育观和江泽民关于农民思想政治教育相关论述的基础上，高度重视深入开展农民思想教育工作，极大地充实了农民思想政治教育思想。党的十七届三中全会进一步明确提出，“三农”问题是党和国家事业发展不可忽略的重大问题，新时期一定会面临新挑战，我们要有信心有作为，不断攻克阻碍农村经济发展的难题，从而促进农村经济建设。[①] 党中央领导集体把解决好“三农”问题作为党和国家工作的重心，通过开展丰富多彩的农民思想教育活动，提高农民的综合素质，促进农民全面发展。

（一）培育“有文化、懂技术、会经营”的新型农民

胡锦涛提出，科学发展观的第一要义是发展，核心是以人为本，党中央一贯重视农民在我国社会主义建设中的重要作用，无论在什么条件下，我们都应该坚持以人为本，始终把人民群众的利益放在首位，切实做到发展为了人民、发展依靠人民、发展成果由人民共享。胡锦涛还指出，在新时期，要将提升农民综合素质作为建设社会主义新农村的基本工作目标。要结合农村的实际发展情况，积极组织农民开展教育学习，充分调动农民的积极性，发挥农民主体的首创精神，紧紧依靠亿万农民建设社会主义新农村。[②] 随着社会主义经济的不断发展，社会主义新农村建设也面临新的挑战，同时，社会主义新型农民培育也有新的要求。新时期，要培育“有文化、懂技术、会经营”的社会主义

① 王东维、路建华：《中国共产党农民思想政治教育工作的历史经验与启示》，《毛泽东邓小平理论研究》，2010年第7期。

② 《中共中央关于推进农村改革发展若干重大问题的决定》，2008年10月12日。

新型农民，从而为社会主义新农村建设提供强有力的人才保障和智力支持。

（二）加强农民的社会主义理想信念教育

胡锦涛还十分重视农民的理想信念教育。理想信念教育也属于精神文明建设的范畴。改革开放初期，邓小平就提出既要抓物质文明建设，也要抓精神文明建设。随着社会主义市场经济在我国的不断发展，资本主义的部分腐朽价值观念也逐渐渗透，导致部分农民的思想观念出现了一些问题：拜金主义、封建迷信、唯利是图等消极思想严重侵蚀了农民的价值观，不利于农民的健康长远发展。因此，农民思想政治教育要始终坚持马克思列宁主义的指导地位，通过开展农民喜闻乐见的文化教育活动，将爱国主义、集体主义等思想潜移默化地根植于农民的思想当中。同时，也要加强农民的思想政治教育，引导农民树立社会主义荣辱观、科教兴农等思想，从而从真正意义上成为一名合格的社会主义新型农民。

（三）开展农村基层党组织先进性教育活动

新时期，党中央积极开展了一系列保持中国共产党员先进性的教育活动，十分注重农村基层党组织建设，这是新时期党中央在党的建设问题上采取的重大决策，也是一场深刻的思想政治教育运动。农村基层党组织的先进性教育加强了农村基层党组织建设，为实现新农村建设中党的农村思想政治教育工作提供了有力的组织与思想保障。

在2005年开始的农村保持共产党员先进性教育活动中，胡锦涛同志指出，农村基层党组织要深入农村基层党组织开展调查活动，实地了解农村发展实际情况，同时要结合社会主义建设的具体目标，因地制宜地开展思想政治教育，解决阻碍改革发展的实际问题，解决农民最关心的民生问题，始终把人民的利益放在首位。

在学习动员阶段，各地采取多种形式了解情况，实行“四个先行”，分别是：摸底查找先行、支部建设先行、组织机构先行、宣传动员先行。在分析评议阶段，广泛征求农民意见，通过召开座谈会、专题组织生活会等，实事求是地对每个党员提出评议意见，为农民思想政治教育引导方向，为党员学习提供楷模。在整改提高阶段，把重点放在解决与农民群众生活密切相关的问题上，积极了解并调查农民的实际情况，将农民意志统一起来，使农民群众在党组织的带领下，积极投身社会主义新农村建设。

四、习近平对农民思想政治教育思想的创新

改革开放四十年来，我国社会主义现代化建设各方面都取得了巨大成就，同时，全面深化改革也取得了重大突破。但是发展不平衡不充分的一些突出问题尚未解决，如城乡区域发展不协调、城乡收入差距较大等。这些问题与农业和农村经济的发展息息相关，与农民的教育也紧密联系。因此，改善城乡教育发展不平衡的状况成为目前解决“三农”问题的一项重要任务。

（一）通过教育活动转变农民的思想观念

党的十九大报告中提出，我国社会主要矛盾已经转化为人民日益增长的美好生活需要和不平衡不充分的发展之间的矛盾。人民不仅对物质生活提出了更高的要求，对民主、法治等其他方面的需求也日益增长。在我国，一些偏远农村地区难以受到先进思想的影响，农民的思想观念依然比较落后。因此，党和国家始终把思想政治教育放在农民教育的首位，大力改善城乡教育不平衡问题。要鼓励农民学习社会主义核心价值观，领会社会主义精神文明建设的核心要义，树立正确的思想观念，引导农民自觉抵制封建腐朽思想的侵蚀，提高自身的思想政治觉悟，从而提高农民的整体素质，鼓励农民积极投身社会主义现代化建设。

（二）积极引导农民走大农业的发展道路

如今，农业科技化浪潮正在全世界兴起。科技的发展有利于促进现代化农业经济的发展，同时，科学技术越来越成为农业发展的决定性因素。十九大报告提出，要推动新型工业化、信息化、城镇化、农业现代化同步发展。然而在经济发展新常态下，农业现代化还是“新四化”建设的短板，农业农村发展面临一系列新的问题和挑战。新时代我们要走以科技创新为动力、以现代经营制度为依托的现代农业之路，这是中国农业未来的发展方向。

农业科学技术的进步和创新是现代农业的动力源泉。要实现现代化农业发展目标，就必须结合创新、协调、绿色、开放、共享的发展理念。各地区应因地制宜地发展特色农业，鼓励用科学的大农业生产代替传统分散的小农业生产。积极引导农民重视科技进

步和自主创新，适时调整农业技术发展路线。同时，要不断加强农村科技人才队伍建设，大力引导农民积极参与现代农业建设，培养新时期的新型农民，使农民具备现代农业生产技术和管理能力，让广大农民尤其是贫困农民都能最大化地分享现代化建设成果，从心里面认同农业现代化发展带来的好处。

（三）大力推动乡村振兴战略下的乡村人才振兴

乡村振兴战略是党的十九大提出的一项重大战略，是关系全面建设社会主义现代化国家的全局性、历史性任务，是新时代“三农”工作总抓手。我们要加深对这一重大战略的理解，始终把解决好“三农”问题作为全党工作重中之重，明确思路，深化认识，切实把工作做好，促进农业全面升级、农村全面进步、农民全面发展。同时，习近平指出，人才振兴是乡村振兴的基础，要创新乡村人才工作体制机制，充分激发乡村现有人才活力，把更多城市人才引向乡村创新创业。①

如何强化乡村人才振兴是新时代实现农业发展必须回答的课题，我们不仅要把更多城市人引向乡村创新创业，让农民成为有吸引力的职业，最根本的是通过农民教育来实现农民自身的全面发展和提高，促进农民积极投身农村经济建设，从而促进农业农村现代化。首先，农民要转变思想观念，改变封建落后的小农生产思想，积极主动地学习先进的科技生产理念。其次，要在农村积极开展全方位覆盖的农民职业技能培训，让农民意识到现代化农业生产的积极作用，充分调动农民参加培训的积极性，让农民在实际培训中逐渐掌握现代化农业生产技术，提高农民自身的经营管理能力，建设一支“懂农业、爱农村、爱农民”的新型人才队伍，为全面建成小康社会奠定了坚实的基础。

（四）大力推动乡村振兴战略下的乡村文化振兴

文化是人们共同的精神记忆和情感纽带，是推动发展更深沉、更根本、更持久的力量。实现乡村振兴战略，必须高度重视乡村文化建设。习近平总书记把文化建设放在十分重要的位置，乡村文化对于乡村政治、经济的发展具有不可替代的作用，乡村文化的良好发展有利于促进农业现代化政治和经济等各方面的有效发展。

文化是人民群众的精神引领，是实现乡村全面振兴的重要力量。实现乡村振兴要有

① 习近平：《把乡村振兴战略作为新时代“三农”工作总抓手》，《人民日报》，2018年9月23日。

新气象：以乡风文明为保障，繁荣兴盛农村文化，焕发乡风文明。在我国，农村人口数量众多，广大农民群众的文化理念和文化素养在一定程度上决定了农业现代化建设的成就。推动乡村文化振兴，首先，要坚持以社会主义核心价值观为引领，以先进思想文化武装农民群众的头脑。不断坚定广大农民群众的文化自信，让先进文化成为农村文化的主流。其次，是要继承和发扬中华优秀传统文化，让农民群众成为乡村文化的守护者和传承者，促进乡村优秀文化不断发展和创新。最后，要充分发挥文化育人的积极作用，让农民认识到乡村文化对于农村经济发展的重要作用，不断提高农民群众的政治自觉和文化自觉，从而使其积极投身农业现代化建设。

五、新时代乡村振兴战略背景下农民思想政治教育的发展与展望

改革开放以来，中国共产党一贯重视农民教育，在继承马克思主义关于农民教育思想的基础上开展了形式多样的农民教育实践，由此形成了新时期具有中国特色的农民思想政治教育思想，并在实践中得以不断丰富和发展。党的十九大以来，党中央提出实施乡村振兴战略，可以看出解决“三农”问题始终是全党工作的重心。回顾我国农民思想政治教育的发展历程，总结农民教育的实践经验，对调动农民参与中国特色社会主义建设，对新时期实施乡村振兴战略和解决好“三农”问题都具有重要指导意义。

（一）因地制宜把握农民教育的时代内涵

在我国，农民始终占总人口的绝大多数，这也决定了广大农民在中国社会主义建设中扮演着不可替代的角色。随着改革开放进程的不断深入，国外不良思想传入并对部分农民产生了消极影响，从而对新时代党和国家开展农民思想政治教育提出了新的要求。

当前，我国全面深化改革已进入深水区和攻坚区，农村经济的发展也进入了新的阶段，从过去只注重农业总产量到目前更加注重农业供给质量，更加表明我国农业发展取得了重大成就。如今，社会主义现代化建设不断深入，市场竞争不断增强，农民适应市场竞争的能力还有待提高，因此，我们需要进一步加强新型职业农民队伍建设。随着“互联网+”时代人工智能的不断深入发展，信息化、数字化程度越来越高，新时期的农民教育也要适应这些新情况，不断提出新的工作目标和工作要求。在新时期，农村要积极开展农民思想政治教育工作，引导农民逐渐转变传统观念，积极适应新时代信息化

的高速发展，帮助农民实现自身全面发展，逐渐转变为现代化建设需要的新型农民。

不同地区的农村经济发展情况是不同的，因此，对农民的思想政治教育要采取因地制宜的方法，要将其与本地区农业经济的发展相结合，更加注重本土性。当前，我国社会主要矛盾已经转变，农民的思想价值观念自然也会随之改变。

新时代需要用新理论即习近平新时代中国特色社会主义思想教育农民，充分调动农民的积极性，不断增强农民思想政治教育的说服力和感染力。在新时代大力实施乡村振兴战略的条件下，我国已进入城乡融合发展阶段，要以农民思想现代化为根本目标，通过先进的科学技术提高农民的科学文化素养。不仅要引导农民树立正确的民主法治观念，还要不断提高农民的思想道德素质，促进农民自身全面发展，从而推动农业农村经济的可持续发展。

（二）开展多元化的农民思想政治教育活动

目前，我国大部分农民的科学文化素养有了一定的提高，但由于受传统观念和封建思想的影响较为深远，再加上受教育水平低、学习能力弱等原因，部分农民还保留着传统的小农意识观念，不愿意接受和学习现代文化。因此，开展农民思想政治教育活动首先要立足于农民自身的发展情况，还要考虑农民实际的接受程度，并结合本地区的经济发展要求，开展人民群众喜闻乐见并乐于接受的活动，让农民实实在在地感受到其对于自身发展的作用，只有这样，才能激发农民积极参与，使其主动接受思想政治教育，从而达到思想政治教育的最大效果。

一方面，各级政府应该提高对农民思想政治教育的重视程度，将农民的思想政治教育与具体生活实践结合起来。在政策和技术上给予大力支持，政府要积极建设文化活动中心，推动社会主义新农村思想文化的学习和传播，如阅览室、图书馆等供农民在空闲时间进行阅读讨论等；还可以开设多样化的夜校课程，如党校教育、信息化技术教育、现代化思想教育等，让大家在劳动之余能够了解丰富多彩的先进文化，在丰富自身精神世界的同时也提高了自身的综合素质，从而推动乡村全面振兴。

另一方面，在农民思想教育方面，以思想发动、送文化下乡为载体，培育社会主义新型农民。进一步深化了“高校+支部+农户”“明星+支部+农户”的运作模式，通过城乡互动共建社会主义新农村活动，加强与高校的联系，建立长效机制。可以定期和不定期地组织高校师生和本土明星到农村开展各类活动，用通俗易懂的方式送文化下乡，引导群众转变传统思想观念，改变落后的生活方式。同时，还可以通过组织形式多样的文娱活动，调动群众的积极性，丰富他们的文化生活。

（三）坚持农民主体地位，推动乡村人才振兴

长期以来，农业农村的现代化发展始终是推进我国社会主义现代化建设进程中的薄弱环节，如何推动农村经济的进一步发展也是决胜我国全面建设小康社会过程中不可避免的关键点。同时，农民在现代化建设中扮演着重要的角色，要高度重视农民的思想教育问题。在对农民进行思想政治教育的过程中，要充分发挥农民群众的主动性，让农民深切感受到思想教育对于自身发展的重要性。在生活中，要坚持农民的主体地位，要结合具体社会实践，变被动教育为主动学习。可以充分发掘并树立农民群众身边的榜样人物，通过座谈会、大众媒体等手段大力宣传他们的优秀感人事迹，引导广大农民群众认真学习他们的优秀品质，并在生活中不断传承传统美德，传播社会主义核心价值观念，弘扬社会主义正能量。

习近平总书记在党的十九大报告中指出，大力实施乡村振兴战略，需要培养造就一支懂农业、爱农村、爱农民的“三农”工作队伍。社会实践证明，实施乡村振兴战略的确需要强大的科技力量和人才支撑。

首先，随着信息化时代的发展，当前要更加注重农业现代化，注重科学技术在农业生产和经营中的运用，这就需要广大农民认真学习先进的科学技术，促进农业产业化、规模化发展，真正让农业成为有奔头的产业。其次，要充分发挥农民思想政治教育方面的作用，只有让农民从思想上对乡村有强烈的归属感和自豪感，才能使其从行动上为建设社会主义新农村做出自己的贡献。最后，实现乡村人才振兴要充分发挥“乡土式”“工匠式”人才的作用。同时也要积极吸引技术人才，通过颁布相关优惠政策，引导农村大学生返乡创业，并积极投身农村建设。通过实现本土农民和引进人才的相互协调，带动引领一支有文化、懂技术、会经营、能创新的新型职业农民队伍。

通过对我国改革开放以来农民思想政治教育进行回顾与梳理，我们对其发展过程有了一个比较清晰的认识。在此基础上，我们也对新时代实施乡村振兴战略下的农民思想政治教育提出了几点展望，希望能对接下来的农民教育实践有所助益。

高校思想政治理论课改革

GAOXIAO SIXIANG ZHENGZHI LILUNKE GAIGE

高校思想政治理论课“五化”教学方法创新[①]

兰 奎[②]

摘 要：一直以来，高校思想政治理论课教学改革深入推进，取得了较为显著的成效，但在理论与实践有机融合、教学的实效性、师资队伍建设、考核评价等方面还存在一些问题。对此，我们要始终坚持理论与实践相结合，共建共享优质教学资源，更新教学内容，创新教学方法，整合校内外师资力量，构建多样化的考核评价模式，实现理论实践融合化、教学资源信息化、教学内容专题化、师资队伍多元化、考核评价多样化的“五化”教学方法创新，提升思想政治教育的针对性，增强思想政治理论课的教育教学吸引力和实效性。

关键词：新时代高校思想政治理论课 教学方法 创新

高校思想政治理论课在“立德树人”，“三全”育人，“努力培养担当民族复兴大任的时代新人，培养德智体美劳全面发展的社会主义建设者和接班人”等方面发挥了主渠道作用。随着中国特色社会主义进入了新时代以及互联网技术的广泛应用，思想政治理论课面临新的挑战。思想政治理论课教学假如仍然停留于重复说教、“填鸭式”教学的

---

① 本文为四川文理学院2017—2019年教学研究与改革项目“新时代高校思政教师实践教学能力培养模式与提升路径研究”（项目编号：2017JY09）阶段性成果。

② 兰奎，四川文理学院马克思主义学院副教授，主要研究方向为思想政治理论课教学方法改革和实践育人。

宣讲层面，势必会导致“低头族”“手机族”的泛滥。习近平总书记在2019年3月18日召开的全国学校思想政治理论课教师座谈会上强调，“办好思想政治理论课关键在教师，关键在发挥教师的积极性、主动性、创造性。推动思想政治理论课改革创新，要不断增强思政课的思想性、理论性和亲和力、针对性”①，为思想政治理论课教学方法创新指明了方向，提供了理论指导和实践指南。高校思想政治理论课要结合课程改革需要，把解决思想问题与实际问题相结合，做到既讲道理又办实事，不断创新教学方法，增强教学的吸引力、说服力、感染力，进一步增强应用型、实践性教学，从而赢得学生的喜爱。近年来，四川文理学院加强思想政治理论课教学综合改革，实现“五化”教学方法创新，思想政治理论课教学取得了显著成效。

一、坚持理论与实践相结合，实现理论实践融合化

中共中央宣传部、教育部《关于进一步加强和改进高等学校思想政治理论课的意见》（简称05方案）指出，高校思想政治理论课所有课程都要加强实践环节。《高等学校思想政治理论课建设标准（暂行）》（教社科〔2015〕3号）中明确，要将实践教学纳入教学计划，统筹思想政治理论课各门课的实践教学、落实学分（本科2学分，专科1学分），认为实践教学和理论教学同等重要。四川文理学院结合学生特点、地域优势、办学特色等，认真对照《高等学校思想政治理论课建设标准》，积极进行探索，形成了一系列行之有效的实践教学方法，如实践教学的“学分”落实及实践教学模式的创新等。依托川陕革命根据地地域优势，深入挖掘本土红色资源，加强实践教学基地建设，实施实践教学模式创新。通过多种形式，使理论与实践深度融合，使学生在实践中加深对所学理论知识的理解和感悟，开阔视野，提升思想境界。

第一，在“毛泽东思想和中国特色社会主义理论体系概论”“思想道德修养与法律基础”思想政治理论课中实施“2+1”教学改革。即在总学分、总课时保持不变的前提下，把原3学时/周次的理论课，改为“2学时/周次的理论课+1学时/周次实践课”，

① 习近平：《用新时代中国特色社会主义思想铸魂育人 贯彻党的教育方针 落实立德树人根本任务》，新华网，2019年3月18日。

实践课内容严格按照《思想政治理论课实践教学实施细则》，要求学生在第二课堂和课余时间完成。为保障实践课不打折扣、不走过场、不走形式，教研室认真制订了三门课实践教学实施细则，做到实践课学期初有实施计划、学期中有检查验收、学期末有考核评估，实践课作为过程考核，与平时成绩一同折合计入学生期末总成绩。“2+1”教学改革进一步突出了学生主体、教师主导，让学生积极参与课程教学实践，在实践中增强感悟，运用所学的理论知识解决实际问题，同时通过实践不断总结经验，形成理论，推动理论与实践相融合。

第二，依托川陕苏区地域优势，挖掘本土红色资源，规划建设宣传教育教学平台，与张爱萍故居、将帅碑林纪念馆、邓小平故居签订了合作协议，共享红色教学资源，逐步将红色资源转化为思想政治教育实践教学内容，便于学生在实践教学中完成体验式实践。

第三，立项资助大学生思想政治教育社会实践课题，通过课题研学增强学生将理论与实践相融合的能力。明确立项课题指导教师，践行“导师制”，由教师全程指导学生进行课题研究，帮助学生选好题、做论证、收集资料、撰写课题报告。学校从 2012 年至今已立项资助课题 200 余项，部分课题成果获省、市级奖励。

第四，引导学生创办学生社团，拓宽自我学习、自我教育的实践平台。创建于 2007 年的“大学生中国特色社会主义理论研究会”是我校唯一的理论性学生社团，由校党委书记挂帅担任顾问。学生积极参与基层民主建设、志愿服务等活动，将感悟、体悟撰写成理论文章或调研报告，同时，积极在校内开展巡回演讲，编排小品，进行文艺演出，举办主题征文活动等，进一步增强了大学生的道路自信、理论自信、制度自信和文化自信。2015 年 12 月，大学生中国特色社会主义理论研究会被团中央评为全国“四进四信”百佳社团，四川省内仅 4 所高校获此殊荣。

二、共建共享优质资源，实现教学资源信息化

认真贯彻落实“创新、协调、绿色、开放、共享”的五大发展理念。共享发展是地方高校转型发展的良好选择。通过校际合作和校地合作，充分发挥“互联网+”独有的“跨界融合、创新驱动、重塑结构、尊重人性、开放生态、连接一切”功能，加快思想政治

理论课教学资源信息化建设。在“互联网+”背景下，全球性的知识资源库已经形成，优质的教育教学资源越来越充实丰富，师生充分利用互联网提供的巨大信息资源全面挖掘不同范围、不同领域的热点难点问题，丰富分析问题的视角，扩大学生的学习视野。①

第一，建立了红色教育网站。校内建立了红色教育网站，分别链接了中共中央党史和文献研究院、中国共产党历史网、中央革命根据地历史博物馆、朱德同志故居纪念馆、邓小平纪念馆、井冈山革命博物馆、川陕苏区网上红色展馆、高校思想政治理论课程网等红色教育网站，便于师生进行网上浏览、网上学习。

第二，创办了思想政治教育微信公众号，定时发布最新的时政热点、国家大政方针政策、学生学习心得体会。校内辅导员建立了辅导员微信公众号和直播平台，及时分享学生思想动态，回应学生诉求。“曦心听文”公众号是我校一名辅导员建立的毕业生感悟分享平台，它将历届毕业生在校学习、生活和毕业后的思想感悟通过微信公众号分享给在校生，如《一个“学渣”的逆袭》，引发了大量在校生的共鸣。

第三，规划建设思想政治理论课云教学平台。通过完善的过程控制技术和人机交互模式，确保学生完整地接触到每一个知识点，并通过海量题库，强化学生对知识点的记忆。充分利用在线答疑、论坛、通知、微博、私信等方式，构建同步、异步、一对多、一对一等更为丰富的交流模式，为教学拓展更大空间。下一步，学校将选择一门思想政治理论课作为慕课教学试点，在全校推行思想政治理论课慕课教学。

三、教材体系转化为教学体系，实现教学内容专题化

北京大学马克思主义学院教授、首席专家陈占安认为，高校的思想政治理论课要想吸引学生、对学生产生终身影响，不能只是照着教材讲课，而应该另辟路径，为学生周密设计并精心开设高水平的专题讲座，从而达到既不离开教材、又不照搬教材的效果。把教材体系转化为教学体系，凝练成专题的形式，是教学内容专题化的探索。

① 邵西梅：《“互联网+”背景下高校思想政治理论课面临的机遇与挑战》，《山东行政学院学报》，2016 年第 6 期。

第一，“形势与政策”实施专题化教学。针对课程的政策性、变化性和时效性等特点，构建专题式教学模式，可以较好地解决没有统编教材所带来的资料收集烦琐、备课时间长、讲授要求高、考核比较难及形势纷繁复杂等一系列问题。我校每学期根据教育部的教学要点，结合世情、国情、省市校情，通过集体备课，凝练教学专题，让教学与时政相结合，与最新的思政课研究成果相结合。专题教学实施十年来，在创新变革中发展，已经成为学校思想政治理论课专题教学的亮点和特色。

第二，专题化教学在教学中不会因为教材修订的滞后而无所适从，可以随时根据社会时事发展及时将最新内容添加到教学中去。任课教师要关注时政热点话题，第一时间将国家的大政方针政策、习近平总书记的重要讲话精神补充到教学中去，及时更新完善教学内容，做到教学内容与时俱进。

四、加强师资队伍整合，实现师资队伍多元化

应用型高校的办学特点及人才培养需求决定了师资队伍多元化和协同创新的重要意义，聘任兼职教师是美国各类大学通用的做法。据统计，1970 年美国兼职教师占教师总数的 22%，1989 年兼职教师的比例是 36.4%，到了 1999 年，美国高校兼职教师的比例已经达到 43%，部分社区学院兼职教师的比例达到 60%。[①] 聘任兼职教师不单是弥补师资队伍数量上的不足，同时有利于实现优势互补，提升质量，瞄准发展。[②] 进一步整合校内校外两种资源，实现了思想政治理论课“一课多师”。

第一，校内实现了“跨学科大联动”，校内哲学、政治学、社会学、历史学、法学、教育学、经济学等学科副高以上职称的教师被聘任在思想政治理论课担任兼职，整合了党务、工会、团委、学工队伍的工作，有利于充分挖掘党团队伍各自的优势。

第二，从地方党委、政府，科研院所、党校、各部门相关领导干部中选聘了一批兼职客座教授，将其纳入思想政治教育队伍，他们每年都会定期走进校园，走进思想政治理论课课堂。

---

① 生云龙：《国外高校教师质量的制度保障》，《中国高校师资研究》，2004 年第 4 期。

② 李迎：《关于高校师资队伍多元化建设的思考》，《南京理工大学学报》（社会科学版），2004 年第 2 期。

第三，以我校“秦巴讲坛”为依托，从全国邀请知名专家、教授来校讲学。目前，“秦巴讲坛”共举办了十七期，分别邀请到了中央党校（国家行政学院）、国防大学、清华大学、西南政法大学、中山大学、北京大学、北京师范大学等国内重点高校的专家，向大学生讲述社会主义核心价值观建设、治理现代化、中国崛起、高等教育改革、法治建设、传统文化、思政育人等内容。这些学术大家走进高校思政课堂，开阔了学生视野，形成了自身师资队伍与其他院系、校外优势资源、社会资源的整合互动，进一步实现了思想政治理论课教师队伍的多元化，充分发挥了“一课多师”在思想政治理论课教学中的作用。

五、构建多样化的考核评价模式，实现考核评价多样化

传统的考核评价方式无法适应多元化、应用型、创新型的人才培养需求。探索新的思想政治理论课考核评价方法，要在兼顾思想政治理论课基础知识的基础上，更加注重考查学生的实践能力、知识运用能力和创新能力，真正做到教有所得，学有所用，教学相长。

第一，考试采取“课堂实践课考核+专业理论知识考核”相结合的考核方式。具体而言，对于基础理论知识，继续沿用传统的考试方法，通过闭卷的形式考查学生对基础理论知识的学习、理解和掌握程度。实践课的考查，则通过撰写调研报告或小论文的形式进行。在实践教学中，采取分组教学的方式，将全班同学划分为若干个小组，根据小组成员的具体情况，任课教师为各小组设计了“菜单式”方案，由学生自由组合，合作完成。在实践中，各小组成员撰写了大量的读后感、调研报告、论文等，还积极参加了各种志愿服务活动。在教学中期和期末检查验收考查阶段，各小组要通过 PPT 向全班同学进行展示，共享交流实践成果。任课教师随机抽取 2 名“大众评委”（学生）一起组成临时实践课考查组，对各小组的实践活动成果展示情况进行评比、打分，对学生完成的调研报告、论文进行评阅，从而完成实践课的考查。

第二，考试采用“纸质化考试+上机考试”相结合的形式。平时采用撰写论文、调查报告的纸质考核形式，期末考试采用集中上机形式，实行“教考分离”“一课多考”。四川文理学院思想政治理论课上机考试从 2014 年开始筹备，包括试题库的建立、考试

系统的设计，经过两年多的充分准备，经多次试点，2019年，全校思想政治理论课期末考试实现了10000余人的上机操作。三年来的实践运行，大大节约了纸张、劳动力和各项经费，践行了“绿色发展”的理念，受到了师生的一致好评。

第三，考试成绩的计算，对百分制进行了合理划分。其中，理论课成绩占50%，实践课占30%，平时成绩占20%。降低了理论课的成绩比例，提高了实践课成绩和平时成绩考核的权重，更加侧重对学生的日常考核、实践考核和全过程考核。

第四，积极在理工、化工、建筑、旅游管理、财经管理、艺体等学科专业中探索“作品”式考核模式，培养学生的创新创业意识，增强应用技术方面的能力。鼓励学生完成音乐作品、书画作品、设计模型、策划方案、发明专利等，实现思想政治理论课与专业课建设的协同互动，实现思想政治理论课同专业课的同向同行，形成协同效应，注重挖掘专业课程中蕴含的思想政治教育资源，促进思政课程与课程思政协同发展，实现全员全程全方位育人。

总之，高校思想政治理论课“五化”教学方法改革，坚持在改进中加强高校思想政治理论课，突出了教学、实践、考核、师资的全方位、立体式改革，进一步深化了思想政治理论课教育教学方法创新，有利于不断提升思想政治教育的针对性和实效性，增强教育教学效果。

优秀道德文化融入高校思想政治教育路径探索

谢　娜[①]

摘　要：高校教育以育人为本、德育为先，把立德树人作为根本任务，把思想政治教育摆在首要位置。针对地方高校学生存在的文化素质薄弱、道德文化教育欠缺等问题，通过引导为主的接受式学习、参与为主的互动式提高、反馈为主的反思式提炼，形成“三位一体”的“道德文化+思想政治”双线融合教育模式，帮助学生提升道德素养、坚定理想信念，从而塑造正确的价值观。

关键词：道德文化　思想政治教育　路径

一、引言

文化是民族的血脉，习近平总书记指出，要深入挖掘和阐述中华优秀传统文化“讲仁爱、重民本、守诚信、崇正义、尚和合、求大同”的时代价值，使中华优秀传统文化成为涵养社会主义核心价值观的主要源泉。“讲仁爱、守诚信、崇正义”涵盖了中华传统美德的基本要求，“重民本、尚和合、求大同”则表达了基本的政治理念和社会理想。

① 谢娜，西南石油大学化学化工学院助教，主要研究方向为思想政治与传统文化教育。

这六个方面涵盖了传统美德、政治理念、社会理想、民族精神方面的根本要素，是中华民族传统核心价值观的集中反映，也是当代社会主义核心价值观的文化体现。

当前，“全球化”的加速融合让尚未走出象牙塔的高校学子经受着外来文化的冲击，由于传统文化教育的缺失，部分学生政治信仰缺失，理想信念淡化，道德观念薄弱，这一形势要求我们必须要用优秀的传统文化道德教育对高校学子进行正确的价值观引导，引导学生形成过硬的政治立场、坚定的理想信念和高尚的道德情怀，成长为社会主义事业的合格建设者和可靠接班人。

二、石油类高校道德文化教育培养现状

中国传统文化是凝结古人的智慧与汗水的具有中华民族典型烙印的文明形态，是中华文明的重要留存形式，其中传承至今的价值观念在中华民族的精神延续中起到了巨大的作用。

（一）高校学子对传统文化认知有待改善

“当代大学生与中国传统文化”课题组曾在石油类高校开展问卷调查，结果表明，大多数学生对孟子、荀子、墨子、王充、董仲舒、朱熹、王阳明等古人的生平事迹和主要思想都不太了解，文化素养较为欠缺①。导致这一现象的原因是多方面的，一是多数大学生十分注重自身业务能力的提高，较为关注对实际应用知识的学习与掌握，而忽视了关于优秀传统文化的认知与提高。二是由于当今世界的开放性，异域文化大量涌进，大学生对此表现出浓厚的兴趣，不少大学生对圣诞节、万圣节之类的西方节日趋之若鹜，而对经史子集态度冷漠，至于国学常识，更是了解甚少。外来文化在高校学子中的流行不仅反映出大学生对传统文化的认知、了解程度不高，也反映出传统的中华文化教育亟需创新，要用时代精神激发其原有的生命力和吸引力。

（二）高校学子对传统美德的践行尚需提高

通过调查我们发现，用人单位普遍表示，毕业生技术水平较高，外语、计算机、数

① 王红、李国俊、宋玉玲：《石油类高校大学生文化素质教育的实践模式探讨》，《大庆社会科学》，2012 年第 5 期。

学的应用能力很强，但社会责任感不足，奉献精神较差，这主要是由于石油类高校学科划分过于细化，一些地方高校的道德文化素质教育没有形成体系，导致学生的道德文化教育缺乏，造成高校学子文化水平不低，但个人道德素质与文化素养不足。当前大学校园以“95后”“00后”大学生为主，他们是伴随科学技术的迅猛发展成长起来的一代，接受信息量大、范围广、速度快，但由于辨别能力不强，思维发展不成熟，“极端个人主义”的消极思想在一些大学生中有所抬头，部分学生集体主义和社会公德意识淡薄，心理素质较差，为事业奋斗和为集体做贡献的精神有所减弱，在价值观取向上过于急功近利，敬业意识薄弱，理想追求有所淡化。一些大学生中存在“信义失范”的现象，如考试作弊、请人代考、抄袭论文、谎报特困生申请补助、不按时归还银行助学贷款等，这些都违背了“明礼诚信”的传统道德规范。大学生肩负着建设社会主义现代化强国的任务，高等学校思想政治教育更要加强对学生道德品质的培养及核心价值观的引领。中华传统美德是历经时间磨砺而流传下来的中华民族的精神脊梁，将高校思想政治教育与中华优秀传统文化道德教育相结合，是培养大学生养成良好道德品质、坚定理想信念的重要方式。

三、道德文化教育对高校思想政治教育的路径

党的十九大提出，传统文化是中华民族自强不息的动力之源，党中央要求全面贯彻中华优秀传统文化，取其精华，以适应现代社会发展的需要，保持民族性和自觉性，进而体现时代特征。“自由、平等、公正、法治、富强、民主、文明、和谐、爱国、敬业、诚信、友善”为核心的社会主义核心价值观是传统文化中彰显科学的、先进的、符合时代精神的优秀文化的当代集中体现，因此，传统文化道德教育是培养大学生树立社会主义核心价值观的重要途径。而当前部分大学生对传统文化的淡漠，传统美德的缺失，反映出部分高校传统文化道德教育的缺位。因此，高校在提升人才培养能力的过程中，必须加强对学生道德修养以及人文素质的培养，在高校思想政治教育工作中凸显道德文化教育，发挥道德教育作用，培养大学生的社会主义核心价值观，使大学生成长为社会主

义的可靠接班人。[①]

（一）“道德文化＋思想政治”——双线模式探索

当前，高等学校教学目标可以分为三个方面，即知识的探求、技能的培养、精神的陶冶。

《周礼·保氏》有言：“养国子以道，乃教之六艺：一曰五礼，二曰六乐，三曰五射，四曰五御，五曰六书，六曰九数。”由此表明，六艺的学习涵盖了感性思维的升华、理性思维的培养、文化思想的熏陶与人文精神的提升。因此，作为中华优秀传统文化的代表，六艺学习在培养青年学子思想、品德、人文素质方面的地位毋庸置疑。礼、乐偏重于精神陶冶方面，射、御偏重于技能培养方面，书、数偏重于知识探求方面。三者虽表面上各自独立，实质相辅相成、互相配合。我们主张以六艺为基础，培养学生的伦理观念和高尚情操，吸收从事各种学问的基础知识，涵括德、智、能三个层次，有体有用，从而形成一个较为圆融的体系，提升学生的道德素质。

“道德文化＋思想政治”双线教育主要通过举办形式多样、格调高雅、积极向上的活动来进行。为此，要结合教育主体特点，通过引导为主的接受式学习、参与为主的互动式提高，以及反馈为主的反思式提炼的“三位一体”教育方式，打造“道德文化＋思想政治”双线教育新模式。

（二）抓好第二课堂——引导为主的接受式学习

区别于第一课堂以课堂教学为主，强调接收式灌溉教育的特点，第二课堂作为素质实践活动教育的主阵地，倡导启发式学习。因此，双线教育应充分发挥第二课堂重在素质活动的优势，唤醒学生的成长自动力，开展引导为主的“道德文化＋思想政治”接受式自主教育。将思想政治教育与满足学生发展需求相结合。例如，礼：利用院校官方微博、微信等，适时发布分享讯息，开通微讲堂，普及仪表之礼、待人之礼，引导大学生向阳光、正面、积极的方向转变。乐：独乐乐不如众乐乐，组织志愿服务团队，编排节目看望孤寡老人，提升学生的奉献精神。射：开展红色宣讲团活动，组织学生学习相关国防知识，提升他们的爱国情怀。御：引申为抵御不正之风，宣扬社会美德，微信、微

---

① 刘海燕：《中华优秀传统文化在推动校园文化建设中的作用发挥研究》，《黑龙江教育学院学报》，2015 年第 9 期。

博公众号每月推出“最美‘石大人’”，倡导大学生养成基本公德，提升正义之心。书：举办读书分享会，营造浓厚学风。数：以弘扬石油高校实事求是、精益求精的匠心精神为主，开展实践活动等，并借助学生喜闻乐见的社交媒体平台有效发声，做好舆论引导，有意识地影响学生，帮助学生在潜移默化中形成良好的道德品质、稳定的心理素质和坚定的人生信仰。

（三）注重氛围培育——参与为主的互动式提高

将社会主义核心价值观融入六艺教育之中，依托中华文化特定节日和节气开展系列活动，有效营造文化教育氛围，扩大学生的接收面，帮助学生强化其关于传统文化、美德修养的理解，如结合节日开展“清明时节祭英魂”活动，培养学生的爱国情怀与奉献精神；结合节气开展“秋收桃李·拜师礼”活动，引导学生养成尊师重道的品质，吸引学生参与到活动中来，经受传统美德的洗礼，巩固学生的美德意识，让道德之心滋润学生，用道德之礼浇灌学生，以道德之志塑造学生，凭道德之本成就学生。

（四）强调教育延伸——反馈为主的反思式提炼

开展活动，不能“打一枪换一个地方”，要让高校大学生转变观念，真正从心底接受传统文化教育，就要注重对传统文化教育进行及时“复习”。在以学年为单位开展活动的基础上，通过分享、总结、感悟等多种形式进行教育反馈，总结活动开展过程中学生的参与积极性及教师的活动策划能力，定期分析、总结前期的宣传氛围引导、中期的活动开展热度、后期的后续热度延伸，将传统文化道德教育纳入专业化的人才培养模式之中，巩固传统文化的教育受力点。

四、结语

道德文化教育是高校开展大学生思想政治教育的重要内容，它能发挥道德文化教育的立德树人作用，引导大学生树立正确的世界观、人生观、价值观，培养其形成良好的社会主义核心价值观。以第二课堂、氛围营造、教育延伸三方面措施为依托，开展引导为主的接受式学习、参与为主的互动式提高、反馈为主的反思式提炼，形成“三位一体”的“道德文化+思想政治”双线教育模式。内容上，将道德教育从课堂教学带入日常实践，在学院、学校和社会三个层面递进，形成践行合力，营造道德教育的良好氛围，创新高校思想政治教育方式。形式上，充分利用“易班”等大学生喜闻乐见的新媒体平台，立体式、全方位、多形式、多角度激发中华优秀传统文化的生命力，把中华文化的精神基因和精神标识凸显出来，引导学生树立社会主义核心价值观，发挥高校作为培养社会主义事业合格建设者和可靠接班人的主阵地作用。

列宁灌输理论的辩证法思维及对我国高校思想政治教育的时代启示

——重回列宁《怎么办?》的文本解读

游　玲[①]

摘　要：灌输理论既是马克思主义理论的重要组成部分，也是确立思想政治教育原则、任务、内容的直接理论依据。列宁总结继承了马克思和恩格斯等人关于灌输的相关思想，在《怎么办?》一文中对灌输理论进行了全面系统的论述，并在俄国的具体实践中不断丰富和完善灌输理论的思想体系。在我国高校思想政治教育实践中，灌输理论不仅是一种抽象的思想理论，更是一种科学的指导方法。本文通过深入挖掘列宁在《怎么办?》中对灌输理论的相关论述，进一步分析其中蕴含的辩证思维，并与我国高校思想政治教育工作的实践有机结合，从而指导并推动高校德育工作的有效开展。

关键词：列宁　灌输理论　思想政治教育　时代启示

1902年，列宁在《怎么办?》一文中对灌输理论进行了详细完备的论述，并形成了全面系统的思想理论体系。在时隔一百多年后的今天，灌输理论仍然没有过时，依然散

①　游玲，四川大学马克思主义学院硕士研究生，主要研究方向为马克思主义理论。

发着其特有的生机与活力。随着社会的进步与发展，灌输理论被赋予了新的时代内涵，并指导着社会实践不断向前推进，同时其思想体系也在实践中不断走向丰富与完善。本文重回列宁的《怎么办?》一文，通过深入挖掘灌输理论所蕴含的时代精华，以期为我国高校思想政治教育寻找丰富的理论之源与科学的实践之基。

一、理论溯源：灌输理论形成的思想根基

任何一种思想理论体系的形成和发展都不是一蹴而就的，都需要一个长期的探索阶段和完善过程，在充分借鉴和继承前人有益思想的基础上，与当下的具体实际相结合，在解决实际问题的具体实践中不断丰富和完善。灌输理论是列宁在继承和吸收了马克思、恩格斯和考茨基等人关于灌输思想理论精华的基础上，将自身观点与俄国的无产阶级革命运动实践有机结合，从而形成的全面系统的理论体系。

（一）灌输思想的首次面世：马克思、恩格斯初步提出

马克思、恩格斯最先使用“灌输”一词，虽然他们没有明确地提出灌输理论，也没有形成系统的灌输理论思想体系，但在马恩的一些经典著作或书信中可以发现零零散散的相关思想，这也为列宁灌输理论的形成提供了坚实的思想根基。

1848 年发表的《共产党宣言》第一次系统阐述了科学社会主义理论，在当今时代依然闪烁着其特有的真理光辉，并指导着社会主义实践不断向前推进。马克思和恩格斯对灌输的主体、对象、方式和内容等进行了具体的论述，使灌输思想不断明晰化和具体化。马克思在这里指出了灌输的对象和灌输的内容。通过以上相关论述我们可以看出，马克思、恩格斯是灌输思想的首倡者，他们初步提出“灌输”一词并进行了相关论述，虽然没有形成系统的思想体系，但也为灌输思想的发展奠定了坚实的理论基础。

（二）灌输理论的初步雏形：考茨基进一步论述

继马克思、恩格斯之后，考茨基正式提出“灌输”的概念，并对灌输思想进行了进一步论述，使其理论体系具有了初步雏形，推动了灌输理论的科学化和系统化发展。1891 年，考茨基在对《爱尔福特纲领》的阐释过程中指出，要通过灌输的方式来提高无产阶级的自觉性。随后，1901 年，考茨基在《新时代》上发表文章，对灌输思想进

行了更为全面的论述。主要表现在以下几个方面：首先，社会主义和阶级斗争产生的经济根源和社会根源是相同的，但它们是在不同的前提条件下产生的。其次，现代的社会主义学说是从资产阶级的个别知识分子头脑中产生的，部分无产者受到影响后再将其灌输到无产阶级的阶级斗争中去。最后，社会主义意识并不能从无产阶级的阶级斗争中自发产生，而是需要经过外界的灌输。考茨基的这一系列论述使灌输理论初具雏形，并在实践中不断走向成熟与完善。

二、内容阐发：《怎么办?》中的灌输理论

列宁可以被称为是灌输理论的集大成者，他赋予了灌输理论鲜活的生命和永续的生机，将灌输理论系统化和科学化，并使其思想体系在实践中不断丰富和完善。列宁对灌输思想的相关论述在其理论著作中随处可见，如《什么是“人民之友”以及他们如何攻击社会民主主义党人?》《俄国社会民主党人的任务》《我们运动的迫切任务》等。其中，列宁在《怎么办?》一文中从灌输的必要性、对象、主体、方法等方面对灌输理论进行了全面系统、科学具体的论述。

（一）灌输的必要性问题

理清楚灌输的必要性问题是正确理解灌输理论精髓的首要问题，也是能够科学运用灌输理论来指导具体实践的基本问题。列宁在《怎么办?》一文中对灌输的必要性进行了详细具体的论述，主要表现在以下三个方面。

1. 明确理论指导实践的重要性

任何理论的产生都离不开科学的思想基础，更离不开具体的社会实践。正确的理论来源于社会实践，又反过来对社会实践起着指导作用，在推动社会实践不断向前发展的过程中逐渐实现自身理论体系的丰富与完善。列宁在《怎么办?》一文中详细论述了理论指导实践的重要性，也从侧面揭示出理论灌输的必要性。列宁提出，首先，没有革命的理论，就不会有革命的运动。这句话充分说明了理论产生于革命的具体实践中，也只有来源于革命的理论才能指导并推动革命的发展。其次，只有以先进理论为指南的党，才能实现先进战士的作用。也就是说，要想将全体人民从俄国专制制度的压迫下解放出来，必须高度重视理论的重要性，必须要以先进理论来指导革命。最后，社会主义学说

则是由有产阶级的有教养的人即知识分子创造的哲学、历史和经济的理论中成长起来的。在此，列宁明确指出指导革命的理论是如何产生和发展的，只有通过一小部分知识分子将社会主义学说等先进理论传授给工人阶级和广大群众，使他们拥有强大的思想理论武器，才能充分发挥理论对实践的指导作用，实现最终的解放和自由。

2. 克服工人自发斗争的局限性

19世纪末20世纪初，俄国人民正处于水深火热之中，尤其是工人阶级与资产阶级的矛盾已经达到了不可调和的状态。在当时的俄国社会，工人阶级不仅受到沙皇政府的严重压迫，也受到资产阶级的残酷剥削，因此，工人罢工事件时有发生。但当时，工人运动大都是自发性斗争，还没有实现自觉斗争。对此，列宁在《怎么办?》一文中做出了详细的论述。他认为，这些罢工本身是工联主义的斗争，还不是社会民主主义的斗争，工人当时还没有而且也不可能意识到他们的利益同整个现代的政治制度和社会制度之间不可调和的对立，也就是说，他们还没有而且也不可能有社会民主主义的意识。一方面，由于受到资产阶级的严重压迫和剥削，工人阶级以罢工形式来向资产阶级表达自己的愤怒和不满，要求争取自己应得的利益，但他们的斗争仅仅涉及经济层面，是自发性的；另一方面，工人阶级受教育程度较低，导致其文化水平不高，思想觉悟也较低，因此，工人阶级并没有意识到，经济斗争只能缓解短期的矛盾，只有涉及政治制度和社会制度的斗争才能实现自身真正的解放，即只有以社会民主主义意识为思想武器，使自发斗争发展为自觉斗争，才能彻底推翻资产阶级的统治和压迫。同时，列宁还认为，工人本来也不可能有社会民主主义的意识，这种意识只能从外界进行灌输。各国的历史都证明：工人阶级单靠本身的力量，只能形成工联主义的意识。在这里，列宁明确指出了工人阶级自身的局限性，也更加凸显了将社会主义民主意识灌输给工人的必要性和重要性。

3. 维护社会主义思想体系的科学性

任何一种思想体系都要经过时间和实践的检验才能称得上是科学的思想体系。在《怎么办?》一文中，列宁对社会主义思想体系与资产阶级思想体系进行了具体的论述。列宁认为，在阶级社会中，只靠工人群众自身并不能创造出独立的思想体系，他们的斗争要么是受资产阶级思想体系的领导，要么受社会主义思想体系的指导，并不存在“第三种”思想体系。列宁认为，对于社会主义思想体系的任何轻视和任何脱离，都意味着资产阶级思想体系的加强。资产阶级与无产阶级的对立也正说明了资产阶级思想体系与社会主义思想体系之间的对立，从历史发展的过程来看，工人阶级也只能选择社会主义思想体系作为指导其斗争的理论武器。同时，列宁还提出，资产阶级思想体系的渊源比社会主义思想体系久远得多，它经过了更全面的加工，它拥有的传播工具也多得不能相比。这充分说明了从经济斗争外面将社会主义思想灌输给工人阶级的紧迫性。由于各方面因素的影响，当时俄国的工人阶级并没有形成系统的社会民主主义意识，而资产阶级思想体系时刻侵蚀着他们的思想，使工人阶级的运动只能是工联主义性质的暂时的经济斗争，并逐步沦为资产阶级思想的奴役。因此，社会民主党人必须加强社会民主主义意识的灌输，维护社会主义思想体系。

（二）灌输的内容问题

灌输的内容问题是列宁灌输理论的核心。灌输的内容是否科学合理不仅决定了工人阶级斗争的发展方向是否正确，也决定了无产阶级革命的奋斗目标能否真正实现，因此，列宁的灌输理论对灌输的内容问题进行了全面系统的论述。列宁结合当时俄国革命的实际情况，认为灌输的内容主要包括科学社会主义理论和无产阶级政治意识。

1. 先进的科学社会主义理论

科学社会主义理论是马克思、恩格斯创立的关于无产阶级解放斗争的性质、条件和一般目的的学说，为无产阶级进行社会主义革命指明了方向。在当时的俄国，工人阶级自身不能产生社会主义民主意识，但他们又迫切需要一种科学的理论体系来指导革命的进行，因此，向工人阶级灌输科学的社会主义理论，有利于将思想武器转化为实践武器，推动俄国无产阶级革命向前发展，帮助他们摆脱资产阶级的压迫，从而实现工人阶级自身的解放。

列宁关于向工人阶级灌输科学社会主义理论的论述在其著作中随处可见。早在1894年，列宁在《什么是“人民之友”以及他们如何攻击社会民主主义党人?》一文中指出，他们应该进而把这个理论通俗化，把它灌输给工人，应该帮助工人领会它。“这个理论”指的就是马克思主义理论，具体而言就是指科学社会主义理论。1897年，列宁在《俄国社会民主党人的任务》一文中提出，俄国社会民主党人的社会主义工作，就是在工人中间宣传科学社会主义学说。列宁在著作中反复提到，要将科学社会主义理论灌输至工人阶级中，为无产阶级革命提供强大的思想武器和实践指导。

2. 无产阶级政治意识

列宁认为，仅仅向无产阶级灌输科学社会主义理论是不够的，还必须要不断培养无产阶级的政治意识，激发他们的革命热情和斗争决心，促使他们从自发的经济斗争走向自觉解放自身的全方位斗争，从而实现无产阶级革命的胜利。在此，列宁开始重视培养和激发无产阶级的政治自觉性，并认识到革命政党对无产阶级的凝聚和引导作用。根据当时俄国革命的实际，不仅要赋予工人阶级的经济斗争本身以政治性质，还要全面发展无产阶级的政治意识。

（三）灌输的主体问题

灌输主体对整个灌输过程起着主要的引导作用，灌输主体自身的思想结构、政治意识和能力水平等都会对灌输的最终效果产生重要影响。理论灌输的主体是指马克思主义理论灌输者，即马克思主义理论灌输活动的组织者和实施者，包括具有理论灌输功能的组织和个人。[①] 列宁在灌输理论中对灌输的主体也进行了科学的界定，他认为，灌输的主体主要是社会民主党人和先进的社会主义知识分子。社会主义学说最初是从先进知识分子的头脑中产生，他们将这些理论传授给有文化的无产者，进而将其灌输给无产阶级，实现了完整的灌输过程。在《怎么办?》一文中，列宁提出，社会民主党的任务就是把认识无产阶级地位及其任务的意识灌输到无产阶级中去。在这里，列宁明确指出，社会民主党人作为灌输者，承担着将先进的科学社会主义理论灌输给无产阶级这一重要任务。同时，社会民主党人应该深入广大人民群众，向他们传授先进科学社会主义理论，帮助他们提高自身的政治素养。这就要求灌输主体自身要有较高的理论素养，并且积极主动地去宣传和鼓动广大人民群众参加无产阶级革命。在这一过程中，当然也不能忽视党校、工会和青年团等先进组织在灌输过程中所起的作用。

（四）灌输的客体问题

灌输的客体也就是灌输的对象。理论灌输的客体是指理论灌输活动的对象，即受教育者。在整个灌输过程中，灌输者发挥着引导与统领的作用，如果没有灌输对象，那么整个灌输过程也是不完整的，因此，同样也不能忽视灌输对象的思想水平和实际接受程

① 孙来斌：《列宁的灌输理论及其当代价值》，社会科学文献出版社，2017年，第121页。

度。列宁指出，灌输的客体主要是无产阶级或工人阶级，同时也包括一切阶级的广大人民群众。从俄国革命的情况来看，工人阶级是最为贫困和受剥削最严重的阶级，同时他们也是领导无产阶级革命的中坚力量，他们迫切需要先进的科学理论来指导革命的继续进行，因此，工人阶级无疑是灌输的首要对象，也是应该重点关注的对象。要把社会主义思想和政治自觉性灌输到无产阶级群众中去。除此之外，也不能忽视一切愿意接受社会主义民主意识的广大人民群众，通过灌输培养他们的斗争意识，提高其思想觉悟，从而为无产阶级队伍的壮大提供源源不断的后备力量。

（五）灌输的方法问题

灌输方法是否科学决定了灌输对象对理论的接受程度如何，同时也影响着灌输过程能否顺利完成，最重要的是决定着灌输最终能否达到预期的效果，即通过灌输是否能够使广大人民群众掌握先进的思想理论，并将其运用于无产阶级革命的具体实践。列宁灌输理论中的灌输方法也是多种多样的，主要有宣传教育与政治影响相结合、理论灌输与实践活动相结合、外部灌输与内部转化相结合等。

1. 宣传教育与政治影响相结合

宣传教育与政治影响是密切联系的两部分，只有将二者相结合，才能最大限度地发挥其合力作用，从而实现灌输的最佳效果。列宁指出，灌输主体不仅要有较高的政治觉悟，也需要掌握科学的宣传教育与政治影响方法与技巧，善于与广大人民群众建立良好的关系，从而保证灌输过程的有序开展，以达到灌输的效果。当然，无论是宣传教育还是政治影响，都需要一定的载体，一方面，列宁高度重视报纸、传单和工会小册子、电台等媒介的宣传教育作用，如《火星报》《农民报》《经济生活报》等；另一方面，他还充分利用公开演讲和授课等方式将社会主义民主意识灌输给广大人民群众，号召群众行动起来，从而实现政治影响。

2. 理论灌输与实践活动相结合

列宁所说的灌输并不是单纯枯燥的理论灌输，而是要将理论灌输与实践活动有机结合，只有这样，才能实现灌输的可持续发展。列宁指出，灌输者具有理论家与组织者的双重身份，因此不仅要有较高的理论修养，更需要有一定的组织实践活动的能力。一方面，列宁不仅创办了宣传马克思主义理论的学校和地方工人夜校，让广大人民群众能够接受全面系统的理论教育，提高工人阶级的理论素养，他还创办了宣传马克思主义理论的组织机构，如“劳动解放社”“工人阶级解放斗争协会”等，为科学社会主义理论灌输提供了丰富的教育阵地。另一方面，列宁也十分重视发挥实践活动的作用。灌输者要积极主动地深入广大群众，了解群众所思所想所需，帮助他们解决切身的问题。同时，要结合广大群众的实际情况和接受程度，用日常生活中通俗易懂的语言和具体事例来与他们进行沟通与交流，生动而鲜明地揭露“具体而且确实现实的（当前的）政治事实和事件”，从而激发他们的政治意识和斗争热情，推动无产阶级革命的有效开展。

3. 外部灌输与内部转化相结合

外部灌输与内部转化相结合的实质就是灌输主体与灌输客体的有机结合，也就是灌输主体将需要灌输的理论从外部灌输给灌输客体，灌输客体在真正接受这一理论的基础上，将其内化为自己的思维方式与行为模式，从而通过自己的某些行为表现出来，也即内化于心、外化于行。列宁强调，工人阶级只能自发产生工联主义，因此需要将社会民主主义意识从外部灌输给工人阶级。在这一过程中，不能盲目地、粗糙地“灌输”，而是要潜移默化地“灌输”，注重灌输对象在理论品质、行为表现等方面的养成和变化过程。因此，灌输者要充分了解灌输对象的实际情况和接受程度，并在尊重灌输对象主观意愿的基础上进行有效灌输。同时列宁强调，我们不能强迫农民接受社会主义，要充分发挥社会民主党人的示范作用，用具体的事例来说服农民，使农民打心底里接受灌输内容，通过时间和实践的检验将其内化为自身的理论素养，并将这一精神武器转化为斗争武器，促进无产阶级革命取得胜利。

三、辩证思维：灌输理论蕴含的时代精华

列宁的灌输理论历经一百多年依然没有过时，在当今时代仍然闪烁着耀眼的光辉，其思想体系也随着时代的发展不断丰富和完善。灌输理论蕴含丰富的时代精华，尤其是其中的辩证法思维，主要包括实践与认识、主体与客体、社会存在与社会意识的辩证关系等，这些都需要我们不断地去探索，进行深入理解并将其运用于具体实践。

（一）实践与认识的辩证关系

实践的观点是马克思主义认识论中最重要和最基本的观点，它贯穿于认识的发生、认识的本质、认识的过程等认识论研究的全部问题。实践与认识是相互作用、辩证统一

的，二者的辩证关系主要表现在以下两个方面：认识来源于实践，即实践对认识的决定作用；认识反作用于实践，即认识对实践的指导作用。具体来说，一方面，实践对认识的决定作用主要表现在实践是认识的来源、认识发展的动力、认识的目的和检验认识真理性的唯一标准。换句话说，实践是认识发生的现实基础，也是认识发展的根本驱动力。另一方面，认识对实践的反作用主要表现在正确的认识会指导并促进实践不断向前发展，错误的认识则会阻碍实践的发展。在实践与认识相互作用的过程中，不可忽视的一点是实践会伴随着认识发展的全过程，促使认识不断深化和完善。那些被实践证明了的正确认识会随着实践的发展不断系统化、科学化，从而形成完备的理论体系，反过来推动着实践的不断发展。

列宁的灌输理论是一个系统完备且不断丰富完善的理论体系，它的产生不仅有马克思主义经典作家的先进思想做理论支撑，更重要的是当时国际社会的大环境以及俄国革命的具体实践催生了灌输理论的诞生，并在指导俄国无产阶级革命的过程中得以不断丰富和完善。一方面，当时俄国的工人阶级会为争取自己的经济利益采取游行示威、罢工等行为，但这些只是自发的暂时的经济斗争，而这种斗争并没有触及深层次的政治斗争，因此也只能是徒劳的；另一方面，由于知识结构、思想意识等方面的限制，当时俄国的工人阶级只能产生狭隘的工联主义意识，单靠他们自己并不能产生社会民主主义意识，因此列宁指出，需要对其进行外界灌输，这也成为灌输的必要性条件。因此，灌输理论并不是凭空产生的，它的产生是与俄国革命的具体实践紧密联系在一起的，同时，俄国无产阶级革命也推动了灌输理论的不断完善。列宁指出，“没有革命的理论就不会有革命的运动”，这句话充分证明了理论对实践的指导作用，而这个理论必须是来源于革命的理论，而不是脱离实践的理论。同时，党要以先进理论为指导，才能发挥先进战士的作用，进一步肯定了理论对实践的指导作用。

（二）主体与客体的辩证关系

人是一种实践中的存在，实践是一个以主体、中介和客体为基本架构的动态发展系统。主体是指从事着实践活动和认识活动的人，客体是指实践活动和认识活动所指向的对象，中介则是将二者连接起来的实践工具或手段。因此在实践活动中，主体和客体处在一种相互作用的过程中。这种相互作用的实现方式主要表现在两个方面：主体客体化即主体对象化，也就是主体通过对象性活动向客体的渗透和转化；客体主体化即客体非对象化，也就是主体通过改造对象的活动消化精神产品，使之转化为主体意识的一部分。主体对象化和客体非对象化是互为前提、互为媒介的，这就要求我们在具体的实践中不仅要关注实践主体的输出，更要关注实践客体的接受，使二者实现协调发展。

在列宁的灌输理论中对灌输的主体和客体进行了科学的界定，并详细论述了主体与客体之间的融合与发展。列宁认为，灌输的主体主要是社会民主党人和先进的社会主义知识分子。他们拥有较高的政治觉悟和思想理论素养，并且有能力将先进的科学社会主义理论和无产阶级政治意识从外界灌输给工人阶级，提高工人阶级的理论素养并激发他们的革命热情，使之自觉争取自身的解放。灌输的客体主要是无产阶级或工人阶级，同时也包括一切阶级的广大人民群众。工人阶级作为无产阶级革命的先驱力量，需要社会民主主义意识来指导并推动革命的开展，同时也不能忽视广大人民群众的作用，也要潜移默化地加强对他们的理论灌输与熏陶。灌输主体与客体之间的双向互动离不开灌输方法的中介作用，因此，要根据灌输客体的特殊性采用易于接受的灌输方法，以实现有效灌输。

（三）社会存在与社会意识的辩证关系

正确把握物质与意识的辩证关系，就要处理好尊重客观规律性和发挥主观能动性的关系。从社会历史领域来看，物质和意识的辩证关系就表现为社会存在和社会意识的辩证关系。一方面，社会存在决定社会意识，社会存在是社会意识内容的客观来源，社会意识则是对以实践为基础的不断变化发展的客观世界的反映。另一方面，社会意识具有相对独立性，社会意识对社会存在具有能动的反作用，正确先进的社会意识对社会的发展起着积极的促进作用；反之，错误落后的社会意识则会起消极的阻碍作用，不管是积极作用还是消极作用，都需要在社会实践的发展过程中不断经受检验。

列宁灌输理论的产生和发展充分体现了社会存在和社会意识的辩证关系。一方面，列宁的灌输理论作为一种社会意识，有其产生的社会根源，即第二次工业革命后，资本主义进入帝国主义阶段并要求重新划分势力范围的国际背景，以及俄国国内农民阶级与地主阶级、工人阶级与资产阶级之间的矛盾越来越尖锐的现实背景，需要一种社会意识来指导俄国走出困境。加之俄国工人阶级缺乏革命意识且经济斗争具有自发性和局限性，使得列宁认识到理论灌输对于无产阶级革命的重要性，因此，列宁的灌输理论应运而生。另一方面，列宁的灌输理论对灌输的内容、主体、客体和方法都进行了全面系统的论述，而当时俄国经济派主张工人阶级只需要进行经济斗争，而不涉及政治制度和社会制度的斗争，更不需要社会民主主义意识来指导革命，这显然是错误落后的社会意识，并不能推动社会的发展。实践证明，列宁的灌输理论对俄国无产阶级革命起到了重要的指导作用，并在实践中不断丰富和完善。

四、时代启示：思想政治教育的实践指南

列宁的灌输理论是一个丰富的思想宝库和科学的实践指南，它不仅蕴含丰富的思想政治教育思想理论，也为我国高校思想政治教育工作提供了具体的现实指导。时代的发展不仅为思想政治教育的有效开展提供了更好的环境，过程中也出现了一些新的问题，面临新的挑战。因此，要深入挖掘列宁灌输理论中的有益思想，将其与当今时代我国高校思想政治教育工作的实际有机结合起来，努力培养德智体美劳全面发展的社会主义建设者和接班人。

（一）坚持教育内容的政治性与时代性

在我国社会的发展过程中，思想政治教育具有不可替代的地位，发挥着独特的作用。它是马克思主义理论教育的基本途径，是完成建设中国特色社会主义各项任务的中心环节，也是社会主义精神文明建设的基础工程。随着互联网时代的到来，人们获取信息的途径越来越便捷，信息量也越来越丰富，而高校学生大多是“90后”或“00后”，其思想特征和心理特征尚未完全成熟，缺乏辨别信息的能力，容易受不良信息的消极影响，进而出现一些思想上的问题或心理上的困惑，需要一个占主导地位的意识形态来引导并帮助他们解决学习和生活中遇到的问题。因此，在我国高校思想政治教育的具体实践中，要始终坚持教育内容的政治性与时代性的统一。

思想政治教育的根本任务是用马克思主义、毛泽东思想和中国特色社会主义理论体系教育广大人民群众，培养和造就有理想、有道德、有文化、有纪律的社会主义新人。思想政治教育的地位和根本任务决定了思想政治教育的内容主要包括世界观教育、政治观教育、人生观教育、法治观教育和道德观教育等。一方面，思想政治教育的本质是社会主导意识形态的灌输和教化。这充分体现了思想政治教育在教育内容上具有鲜明的政治性和明确的导向性，其内容要与社会发展的主导意识形态和要求相适应，因此，教育

主体不仅要向教育对象传导主导意识形态和主导政治意识，如党和国家的方针、政策等，提高学生的思想水平、政治意识和道德修养，还要引导他们形成正确的政治行为，如遵纪守法、理性爱国等。另一方面，由于高校思想政治教育的教育对象大多都是“90后”或“00后”，他们接触的都是比较前沿的信息，因此，我们在教育过程中要注重教育内容的时代性，如新时代条件下要积极引导学生加强对新时代中国特色社会主义思想的理解和学习，要及时更新教育内容，让学生有兴趣听进去、学进去，只有这样，才能达到思想政治教育的效果。

（二）实现教育方法的多样性与针对性

思想政治教育方法是教育者为实现一定的教育目标，在思想政治教育活动中所采取的各种方式和手段。在我国高校思想政治教育实践中，每个学生的思想状况和心理状况都是不同的，他们正处于人生个性张扬、追求独特的时期，因此，对于不同的教育对象，应该采取不同的教育方法。同时，对于某一个学生个体来说，在其人生发展的不同时期，他的思想状况也是会不断变化的，可能会越来越好，也可能会因缺乏引导和教育而越来越坏，因此，要有针对性地对某一个学生个体进行引导和教育，这也决定了在具体的思想政治教育过程中，要实现教育方法多样性与针对性的统一。

总的来说，思想政治教育的具体方法也是多种多样的，主要包括理论教育法、实践锻炼法、榜样示范法、自我教育法、比较鉴别法等。一方面，学校作为思想政治教育的主阵地，拥有良好的教育环境和优质的教育队伍，不仅丰富了教育方法的多样性，也有助于思想政治教育的有效开展。高校主要通过教育者的理论宣传和言传身教对受教育对象实施有目的、有计划、有组织的影响。首先，充分发挥高校思想政治理论课的主渠道作用，将课堂的理论教育与课后的实践锻炼有机结合起来。其次，通过开展班会、交流会或举办讲座的形式，有效运用榜样示范的方法。最后，通过定期与学生交流谈心，积极引导并帮助学生解决实际问题，实现学生的自我教育。另一方面，为了充分发挥思想政治教育的效果，实现思想政治教育的目标，需要根据不同的受教育对象和不同的发展阶段灵活采用不同的教育方法。要通过平时的观察和交流，深入了解学生个体的特殊性，根据不同个体的思想状况和接受程度采取适当的教育方法。此外，还要适时了解学生的思想动态，根据不同阶段的实际情况采取不同的方法。

（三）强调教育过程的互动性与长期性

思想政治教育过程是一个多要素相互影响、相互作用的过程，必须高度重视教育过程互动性与长期性的统一。在这一过程中，最重要的就是教育主体、教育介体和教育客体三要素的相互联系和相互促进。因此，在我国高校思想政治教育实践中，要不断加强教育者与教育对象间的沟通与交流，帮助二者实现双向互动。同时，任何事物的发展都不可能一蹴而就，需要一个循序渐进、不断完善的过程，要想实现思想政治教育的最终目标，需要在长期的教育实践过程中不断调整和完善教育方法。

从思想政治教育的纵向发展过程来看，高校思想政治教育主要通过长期的理论灌输和正面教育，将党和国家的方针政策等先进思想理论灌输给学生，引导学生逐渐理解这些思想理论并将其灵活运用于日常的学习和生活中，从而达到“内化于心”和“外化于行”的效果。无论是“内化于心”还是“外化于行”，这个过程都是长期性的，需要在日常的学习和生活中持续不断地开展思想政治教育，坚持显性教育与隐性教育的统一，积极主动地引导学生并潜移默化地影响学生的思维方式和行为模式。从思想政治教育的横向发展过程来看，在高校思想政治教育过程中，要高度重视教育主体与教育客体的互动性。一方面，教育主体要贴近学生的生活，主动与学生沟通和交流，深入了解学生在生活和学习中所遇到的问题，积极引导学生树立正确的世界观、人生观、价值观。另一方面，教育主体要主动倾听学生的心声，与学生建立良好的关系，虚心接受学生的有益建议，在完善自身的过程中进一步加强与学生的互动，促进学生的全面发展。

（四）激发教育对象的积极性与创造性

思想政治教育对象也被称为教育客体，它不是作为完全被动的客体，而是作为有情感、有思想的活生生的人参与到思想政治教育过程中的，具有主体性和可塑性等特征。高校思想政治教育主要研究学生思想层面的问题，旨在及时了解学生的思想动态及思想观念的转变，以马克思主义基本理论和中国特色社会主义理论体系为指导，对学生进行思想理论方面的宣传教育，使学生实际的思想品德水平符合社会发展的要求，从而促进社会的进步和人的全面发展。因此，在高校思想政治教育过程中要尊重学生的主体性，激发学生的积极性，发挥学生的主观能动性和创造性。

一方面，在高校思想政治教育过程中要注重激发学生的积极性。不能仅仅将教育对象视为一个有待填充的“容器”，看作一个需要硬性“灌输”的对象，采用单纯说教和灌输的方式，而应该坚持以教育对象为本，关心学生的内在精神需求，引导和激发学生的主观能动性，从而使学生以更加积极和理性的姿态建设性地参与到思想政治教育活动中去，在与学生的良性互动中达到思想政治教育的目标。另一方面，在这一过程中也不能忽视激发学生的创造性。思想政治教育不是灌输思想的过程，而是解放思想的过程。通过采用学生易于接受的多样化方法对其进行思想政治教育，不仅能够让学生乐于接受，从中感受到思想理论的温度和深度，达到将其“内化于心”的效果，更能激发学生的创造性，让学生在解放思想的过程中实现“外化于行”，将思想理论运用于具体的学习和生活，只有这样，才能充分发挥思想政治教育的育人作用，促进学生的全面发展，从而培养担当民族复兴大任的时代新人。

参考文献：

[1] 中共中央马克思恩格斯列宁斯大林著作编译局．列宁选集：第 1 卷［M］．北京：人民出版社，1992.

[2] 孙来斌．列宁的灌输理论及其当代价值［M］．北京：社会科学文献出版社，2017.

[3] 陈万柏，张耀灿．思想政治教育学原理［M］．北京：高等教育出版社，2007.

[4] 郑永廷．思想政治教育方法论［M］．北京：高等教育出版社，2010.

[5] 李秀林等．辩证唯物主义和历史唯物主义原理［M］．北京：中国人民大学出版社，2004.

[6] 侯波，张喜德．列宁灌输理论新探［J］．科学社会主义，2019（2）.

[7] 张智．列宁《怎么办？》的思想政治教育意蕴［J］．马克思主义理论学科研究，2018（1）.

[8] 王众威．思想政治教育灌输理论的历史理路、当代价值与发展路径［J］．扬州大学学报（高教研究版），2018（6）.

[9] 陈珊珊．从理论到实践的两次飞跃——对列宁经典著作《怎么办?》的深度解读［J］．湖北经济学院学报（人文社会科学版），2018（5）.

[10] 王晓霞．列宁灌输理论对思想政治教育的当代价值［J］．传承，2015（6）.

[11] 赵珊，李文全，乐亮伟．列宁的灌输理论及其对当代思想政治教育的意义［J］．传承，2015（1）.

[12] 吴远，吴日明．灌输理论与当代中国马克思主义大众化［J］．马克思主义研究，2010（9）.

[13] 周耀宏．列宁灌输理论在当前思想政治教育中的运用与创新［J］．延边大学学报（社会科学版），2008（1）.

[14] 杨芷英．浅谈新时期灌输客体的变化与灌输理念的更新［J］．马克思主义研究，2004（3）.

高校党的建设

GAOXIAO DANG DE JIANSHE

严肃高校学生党支部党内政治生活实践路径研究①

悦　洋②

摘　要：严肃学生党支部党内政治生活是落实党要管党、从严治党的内在要求，是学校党建发展的现实需要，是学校推进党建工作科学化的应有之义，也是建设世界一流大学的必然要求。严肃学生党支部党内政治生活的实践路径辐射软要素和硬要素两个向度，在软要素上，围绕“吸引人”培厚政治文化土壤，围绕“培养人”涵养政治生态环境；在硬要素上，强化党内制度约束，不断推进党内政治生活规范化。通过党内政治生活严肃、规范、持续、有序地开展，将理想信念的引领、政治文化的浸润、纪律意识的培养在大学生党员中凝聚和巩固，带动广大学生成为政治上坚定、理论上清醒、学习上进步的新时代青年。

关键词：学生党支部　党内政治生活　政治文化　政治生态　实践路径

党内政治生活、政治生态、政治文化是相辅相成的。良性的政治生态的形成离不开先进的政治文化的支撑；政治文化的确立和发展，不仅要具备价值、制度、行为、心理相统一的政治文化观，还必须实现党内政治关系的正常化和政治生活的规范化。而要做

---

① 本文为四川大学2019年党建研究课题阶段性成果。

② 悦洋，四川大学法学院党委副书记兼纪委书记、讲师、法学博士，主要研究方向为思想政治教育和刑法学。

到这一点，就必须坚定不移地坚持全面从严治党。① 学生党支部是党在高校基层党组织的有机组成部分，是党率领青年学生进行学习、提高、成长的战斗堡垒，发挥着团结、凝聚广大有为青年成为中国特色社会主义栋梁的重要作用。堡垒是否坚强、是否具备锻炼党性、提高思想觉悟的温度，首先取决于党内政治生活是否严肃认真。

一、严肃学生党支部党内政治生活的目的和重要意义

习近平总书记强调，党要管党，首先要从党内政治生活管起；从严治党，首先要从党内政治生活严起。《中共中央关于加强党的政治建设的意见》中指出，营造良好政治生态，必须严格执行《关于新形势下党内政治生活的若干准则》，着力提高党内政治生活质量，努力在全党形成又有集中又有民主、又有纪律又有自由、又有统一意志又生动活泼的政治局面。

党内政治生活是党组织教育管理党员和党员进行党性锻炼的主要方式，对于高校来说，营造良好的政治生态必须从学生党支部抓起，抓早抓小，贵在经常、重在认真、要在落实，使党内政治生活体现党的性质和宗旨，使每一个共产党员自觉坚持党的政治路线、思想路线、组织路线和群众路线，自觉用党的要求规范自己的一言一行，以保证在任何情况下都能够做到政治信仰不变、政治立场不移、政治方向不偏。

（一）严肃学生党支部党内政治生活是从严治党的内在要求

在全面建设社会主义现代化国家“两步走”的时间表里，我们的青年学生生逢其时、重任在肩。中国特色社会主义最本质的特征是中国共产党领导，中国特色社会主义制度的最大优势是中国共产党领导，党是最高政治领导力量，突出政治建设在党的建设中的重要地位是新时代党的建设总要求。

牢牢把握住高校这一重要思想政治教育阵地，通过党内政治生活严肃、规范、持续、有序地开展，将理想信念的引领、政治文化的浸润、规矩意识的培养从入党积极分子、新党员、年轻党员中凝聚和巩固，以党员同学先锋模范作用的发挥为辐射点，带动

---

① 参见李庚香：《发展积极健康的党内政治文化，全面净化党内政治生态——学习党的十九大报告体会之一》，《领导科学》，2017年第31期。

广大学生成为政治上坚定、理论上清醒、学习上进步的新时代青年，将对高校的政治方向从学生个体、学生群体上给予正确的引导，提供可靠稳健的组织保障，实现党对高校的政治领导。严肃学生党支部党内政治生活是落实党要管党、从严治党的内在要求，是学校党建发展的现实需要，是学校推进党建工作科学化的应有之义，也是建设世界一流大学的必然要求。

（二）严肃学生党支部党内政治生活是中国特色社会主义大学的办学关键

高校担负着人才培养、科学研究、社会服务、文化传承创新、国际交流合作等重要责任。[①] 当代大学生作为拥有较多科学文化知识、富有发展潜力的青年群体，是国家人才资源的重要组成部分，是实施人才强国战略的重要力量。加强高校学生工作，把优秀青年学生凝聚到创新人才的队伍和社会主义建设事业中来，是高校实践建设中国特色社会主义历史任务的重要举措。培养社会主义事业的建设者和接班人，就是为党育人、为国育人。新时代人才必须做到政治过硬、业务过硬、责任过硬、纪律过硬、作风过硬。这就要求我们要坚持把政治素质的建设放在育人工作的首位，以充分发挥学生党支部的战斗堡垒作用为重心，突出学生党支部的政治功能，担负起直接教育党员、管理党员、监督党员和组织同学、宣传同学、凝聚同学、服务群众同学的职责。抓好学生党支部工作，就抓住了高等教育工作的核心，就能够提纲挈领，培育出优秀的大学生群体。

（三）严肃学生党支部党内政治生活是营造良好校风、学风的保障

严肃、规范的党、团组织生活既是我们党、共青团的基本制度和优秀传统，也是大学生思想政治教育不可或缺的重要形式。就目前大学生的总体情况来看，党、团员在大学生中占据大多数。因此，抓好党、团组织生活及主题团日活动等基本制度，本身就是加强和改进大学生思想政治教育的良好形式。党建工作是高校学生工作的龙头，严肃学生党支部党内政治生活是党建工作的起点，能够通过直接、直观、现实、零距离的教化为学生注入精神营养，是身体力行的教育，也是潜移默化的培育，有利于促进其成长和发展，使其真正成为不忘初心、牢记使命、勇担责任的新时代青年，从而促进良好校风、学风的形成。

---

① 参见刘双山、孙万代、李玲：《新时代高校党内政治生活问题与对策论析》，《长春师范大学学报》，2019年第5期。

二、澄清有关严肃学生党支部党内政治生活的模糊认识

高校学生党支部在党的领导下不断改革创新，呈现蓬勃发展的态势，但仍然存在党内政治生活制度化、经常化、规范化不足；贯彻执行民主集中制的自觉意识和本领能力不足；组织生活缺少动力、氛围以及积极性，实际效果不好或缺乏效果评估；批评与自我批评开展得不好；部分学生党支部书记领导力不足、职责不鲜明；党员先锋模范作用发挥不突出；党员义务履行不充分；宣传工作以及组织、凝聚其他同学的工作做得不到位；班级活动与支部活动未有效融入；支部考核机制不严格等问题。

（一）严肃学生党支部党内政治生活的工作目的

经过多年努力，高校思想政治教育工作取得了不少成绩，积累了一定的经验。但是近年来，高校思想政治教育工作所面临的形势出现了新的变化。从国际上看，随着政治多极化、经济全球化和信息网络化的日趋发展，大学生面临大量西方文化思潮和价值观念的巨大冲击；从国内来看，随着改革开放的不断深化，我国社会经济成分、组织形式、就业方式、利益关系和分配方式日趋多样，大学生面临政治信仰、理想信念、价值取向等方面的极大考验；如何培养出讲政治、知敬畏、明底线、守规矩，具有中国特色的政治素养和政治认同，一身正气的大学生是当前大学生培养的重要课题。

当代大学生队伍是党源源不断的活力来源，新时代的大学生党员没有经历山河破碎、浴血奋战的艰苦岁月，没有经过严苛的党性考验和政治历练，对党的优良传统、宝贵经验没有切身的体会，脱离了严肃的党内政治生活的培育，党性的养成、信念的坚定就失去了有效的承载形式，培育社会主义建设者和接班人的工作就会陷入虚无。将政治素质的培养放在德育教育的首位，对于专注培养全方位发展的新时期人才具有重大意义。

因此，从工作目的的角度出发，严肃学生党支部党内政治生活不仅仅是为了做好学生工作，更是加强和改进新时代人才培养工作的必然要求，同时也是加强和改进高等教育工作最为有效的途径。

（二）正确理解和把握政治素质和专业业务学习的关系

在全国教育大会上，习近平总书记以“国之大计、党之大计”高度概括了教育在新

时代的重要地位，强调坚持中国特色社会主义教育发展道路，培养德智体美劳全面发展的社会主义建设者和接班人。这一重要讲话，体现了总书记对教育工作“培养什么人、怎样培养人、为谁培养人”这一根本问题的深谋远虑和高瞻远瞩。立德树人关系党的事业后继有人，关系国家的前途命运，培养什么人，是教育的首要问题。大学生党员的成长目标应当是不忘初心、牢记使命，做勇担使命的新时代青年。政治素质不是一座孤岛，而是大学生本领之首。党员同学要利用好在校学习的时机，掌握扎实的专业知识，提高自身本领，坚持高标准、严要求，积极主动作为，保持奋斗精神，提升责任意识，勇于担当使命，用扎实的本领践行为人民服务的初心。

三、严肃学生党支部党内政治生活的实现路径

严肃学生党支部党内政治生活“贵在经常、重在认真、要在落实”，努力触及学生心灵，把“四个意识”“四个自信”内化于心，做到“两个维护”，能够通过政治生活的效力激励学生把爱国情、强国志、报国行自觉融入个人和国家的发展之中，而不是流于形式。

（一）软要素向度：培厚政治文化土壤，涵养良好政治生态

党内政治文化是党内政治生活的灵魂，是党内政治生态的内生性、主导性和保障性因素；政治生态构成了政治文化的重要外部环境，影响着各类政治主体的价值取向和政治心理、政治行为。① 我国的国情决定了大学生不但要具备专业理论知识和实践技能，更要具有中国特色的政治素养和政治认同。然而，我们在实际工作中发现，在大学生政治素质的培养中，还存在新时代对具有中国特色政治素质人才的需求和学生政治素质培养不平衡、不充分的矛盾。学生中尚有政治学习相对弱化、政治认知存在困惑、政治情感相对冷漠、政治敏锐性不高、政治行为能力相对欠缺、政策水平不高的现象。例如，一些学生还不能很好地回答“讲政治”和“讲法治”的关系，不能很好地理解“为什么政治素质是最首要的素质”，不能很好地分析“党的领导与依法治国的关系”，还有部分

---

① 参见李庚香：《发展积极健康的党内政治文化，全面净化党内政治生态——学习党的十九大报告体会之一》，《领导科学》，2017 年第 31 期。

学生存在道德困境和精神危机，不知道该怎样理解正义和收益之间的关系，对于如何实现自我价值感到迷茫。政治文化氛围的形成、政治生态的良性运转是严肃学生党支部党内政治生活的灵魂和土壤；要将严肃学生党支部党内政治生活做到位、做实在，首先需要将政治文化的养成贯穿学生党建的全过程。

1. 围绕“吸引人”营造政治文化氛围

大学生的主要任务是学本领，但本领并不仅仅指专业水平或技能，而是包括政治本领、理想信念、道德情操等在内的综合本领。其中，政治本领是居于首位的，是思想之舵，是信仰之基。大学生必须拥有坚强的政治灵魂，成为党和国家所期盼的建设者和接班人。因此，在大学生的培养过程中，要以学生党建为工作龙头，需要通过各种方式对学生提出要求，以之作为评估大学生成长成才的标准，党建工作要全程体现红色基因的传承。

从新生开学典礼、入学教育和军训开始，学院党委和辅导员就按照培养“中国特色政治素质”的要求，在给学生的成才建议中强调政治素质的重要性，明确积极争取入党是最为有效的途径；以学术讲座的形式浸润“德为才之帅”“德育的学术性质”等内容；在形势政策课的教学过程中，辅导员要结合教学内容进行党建宣传和入党动员，做到宣传发动常动员、不间断；在专业课堂中，教师也要始终将政治素质的要求、理想信念的教育贯穿其中，让学生在潜移默化中体会“本领”的全部内涵。在党员的培育过程中，学院党委、辅导员、教师要对党员提要求、下任务、常督促，吸纳表现优秀的党员同学参与到学院的党建事务中去，不断锻炼党员的综合能力。学院党委、党支部要充分利用好党建专项经费、党员活动经费，组织学生党员到革命老区、烈士陵园、历史纪念馆等宣传思想和文化的重要阵地弘扬革命传统，倡导先进思想文化。在党员先锋模范作用的发挥中，用党员的表率作用带动人，用党员的人格力量感染人，以公众号等方式将学生党员的先进事例、毕业学生党员在工作岗位上的突出成就，以学生喜爱的叙事风格进行推送，告诉同学怎样一步一步达到党对党员的要求；告诉同学们，党员之所以能更多地获奖，更好地就业，不是因为党员这个身份。浓郁的政治文化氛围也有助于增强人民群众对政党的认同。

在政治文化氛围的营造中，仪式感的重要性不应被忽略。仪式感是人们表达内心情感的一种方式。从心理学的角度看，仪式感相当于一个按钮，当你去做这个动作的时候就是在告诉大脑，自己要开始进入另一个状态了。郑重提交入党申请书、接受党组织的政治审查、严肃认真地与入党积极分子及预备党员谈话、召开党员大会进行专题研究、全体党员逐一表态、党旗下庄严宣誓等都是党支部的重要仪式，仪式本身就贯穿支部工作的始终。除此之外，设置专门的党建活动室，悬挂党旗、摆放党章、张贴入党誓词、展示支部活动，让党员充分感受浓重的党建活动氛围，以及在主题党日佩戴党徽、统一着白色衬衫、进行规范的会议签到和记录等，都能够以仪式感的力量强化党员的信念，时刻提醒党员牢记“心中有党”，继而做到“心中有民、心中有责、心中有戒”，保持政治定力，满怀敬畏之心，恪尽“第一职责”，让共产党员的身份熠熠生辉。

2. 围绕“培养人”涵养政治生态环境

严肃党内政治生活要深入学生党员内心，首先要让学生信服，需要让学生从心底深处意识到应当以严肃的态度对待党内政治生活。这就要求党建工作的开展必须结合学生实际，契合学生的成长成才模式，符合学生校内学习生活的规律，进而内化为切实行动。党建工作需要始终思考“做这些事情的根本目的是什么”，不为做活动而活动，而是为了培养人，激发学生本身的意愿和活力，使学生党员将来能够在各行各业都起到中流砥柱的作用。

在党建生态的外部环境方面，首先在学生组织的设置上进行改革。党员应该活跃在学生工作的第一线，改变过去在纵向上以研究生会、学生会为主，在横向上以班级为主的模式。要设置专门的学生党建工作机构，一方面，可以统筹各个学生党支部的工作；另一方面，可以党建为龙头整体谋划学生活动，以“党建+专业”的模式主导学生活动的开展。学生活动不在多而在精，以培养切合专业实际的政治本领为目的，如法学院学生结合自身的专业背景和政法工作责任使命，将“不忘初心，牢记使命”主题教育学习融入法律职业规划和日常工作学习，探索如何为推动国家法治化进程贡献自己的力量。本科生采用“班团一体化”模式，研究生则以党支部为工作主体，党支部书记兼任班长，持续开展党内宣传以及组织、凝聚其他同学的工作。这样的设置避免了党支部、班级、学生会、研究生会各自为政的局面，在整合、精简学生组织的同时构筑了较为紧实的基层堡垒，能够将学生党员推向学生队伍的一线，有利于充分锻炼、培养学生党务干部、党员的政治能力，提高其政治素质，真正将先进的学生党员塑造为学生中的先锋。

在培养人的过程中，学校、学院还可根据学生的专业特色设置相应的党建类课题，训练学生的学术思维，吸引学生主动研究党建类课题，调动学生主动关心党建工作。整合党团学资源，调动学生社团和党支部共同开展活动。将实务部门的合作项目、科研项目等进行消化分解，与支部工作相结合，充分锻炼了学生党员的综合能力，党员学生就业受到欢迎。

在良好的党建生态形成的过程中，还要充分重视人的因素。要做好学生的党建工作，必须有一支具有较高素质和水平的学生党务干部队伍。学生党员领头人素质的高低直接影响着学生党建实际工作开展的成效。由基层党委按照组织原则，选拔政治素质高、思想作风好、学习成绩好、群众基础好、具有较强组织管理能力的优秀学生党员担任党支部书记和支委。重视前期选拔，开展笔试和多轮面试，在充分信任、大胆任用学生的同时，有意识地对其进行打造和培养。围绕干部意识、工作作风、表率作用、工作方法等内容进行专题培训，鼓励学生干部参加校内外理论研讨会，鼓励其学习政治理论、研究学生党建工作，提高他们的政治理论水平和党建工作能力，让他们接受锻炼、经受考验，对其进行严格的教育、管理和监督。在党支部的考核中，要对党支部书记的述职进行严格要求。笔者所在学院党委每年对学生党支部书记进行两次考核，在这个过程中，支部书记日渐成长，从差强人意到较为成熟，履职能力和述职水平逐渐提高，责任心日益增强，活力有所激发，工作能力也得到了提高，他们正以积极奋进的精神推动学生党建工作的深入开展。相信这样的锻炼能够培养出一支强有力的学生党务干部队伍，促进支部工作的软实力不断提升。

（二）硬要素向度：强化党内制度约束，不断推进党内政治生活规范化

价值的实现、观念的浸润、文化氛围的营造、政治生态的逐渐养成，要靠制度的设计和实施。在党的十九大报告中，习近平总书记强调，全面推进党的政治建设、思想建设、组织建设、作风建设、纪律建设，把制度建设贯穿其中，深入推进反腐败斗争，不断提高党的建设质量。制度建设是党内政治文化建设的重中之重，严肃学生党支部党内政治生活的制度建设是全方位、立体化保证严肃党内政治生活的常态化机制。

在纵向上由基层党委制定落实标准化的党内政治生活机制及考核机制。第一，要及时在学生范围内成立党支部。研究生年级党员人数往往较多，需要根据专业规模等设置多个党支部，辅导员难以全部兼任支部书记，这就需要学生党员在较短的时间内“上岗”，工作“上手”。一本科学化、标准化的支部工作手册是对支部书记培训的重要补

充，包括支部建设、党员培养和发展全部规范性内容，它可以以清晰的操作模式让学生支部书记和支委在还不能较好领会支部工作的情况下展开工作。第二，在支部的日常运转中，有标准化的支部记录工作簿、台账、信息报送程序、信息发布程序等。有条件的基层党委以“智慧党建”为重点建设学习型、服务型、创新型党组织，统筹“两学一做”学习教育，强化党员意识和理想信念教育。第三，基层党委严格实施学生党支部考核制度，以考促建、以评促建，倒逼支部完善管理。学生支部委员会委员参加，基层党委全体党委委员作为评委，学生党支部书记分别围绕政治建设、思想建设、组织建设、作风建设、制度建设、工作成效等方面全面总结党支部的党建工作情况，展示各支部的工作亮点和特色做法，辅导员一一点评，评委提问，查阅支部材料并打分，最后由基层党委点评。严格、严肃、党内公开的学生党支部考核，以庄重、紧张的模式倒逼支部不断夯实工作基础，倒逼支部书记不断提高工作能力，也是一次全体支部工作者交流、研讨和互相学习的契机。

笔者所在学院党委除了年终的支部考核外，每年都要开展年中支部考核，考核的时间间隔相对有所缩短，每一个学生支部书记在校期间至少能够述职三次以上，也避免了毕业班党支部在年中就毕业离校，无法发挥较为成熟支部的示范、传承作用的情况。这种考核模式既是对支部党建工作的把握，也能动态地观测到学生党员的成长、学生支部堡垒作用效能的发挥，并通过支部书记层层传导责任。实践证明，严格的考核的确有利于严肃学生党支部的党内政治生活。事实证明，经过三次以上考核的支部，“三会一课”活动均完成得很好；在政治建设、思想建设、组织建设、作风建设、制度建设几方面都独具特色；部分支部书记发现问题、解决问题的思路十分清晰；学院学风进一步好转，充分发挥了党支部的战斗堡垒作用。

在横向上，各个学生党支部严格按照《中国共产党章程》《关于新形势下党内政治生活的若干准则》《中国共产党普通高等学校基层组织工作条例》《普通高等学校学生党建工作标准》等党内法规和相关文件精神，深入推进“两学一做”学习教育常态化制度化，切实加强学习型、服务型、创新型学生党支部建设，充分发挥学生党支部的战斗堡垒作用和共产党员的先锋模范作用，旨在实现党建工作科学化、规范化管理。其中尤为重要的一个环节是党员的发展。在程序上，支部要严格按照思想好、学习好、群众基础好的标准结合专业特点细化党员要求，在广大学生中树立党员标杆；支部大会在讨论新党员之后需要附上拟发展党员的详细情况，由基层党委进行实质审核后表决通过。基层党委的严格把关能够有效倒逼支部严格党员发展程序。在党员的培养过程中，要充分重视培养考察、谈心谈话环节。培养考察人的严肃、严谨态度能够督促入党积极分子、预备党员认真学习理论，严肃地进行思想汇报。培养考察人是第一个直接面对新党员的党内工作者，其形象和工作态度直接关系到政党的形象。而在实际工作中，培养考察人应当如何开展培养考察工作等，则往往容易被忽略。另一个重要的环节是严格树立并执行纪律意识。从严治党的“严”主要体现在严格、严厉、严肃的党规党纪上。从逻辑上讲，没有全覆盖的、高强度的、高密度的依规治党，从严治党也就失去了载体依托、有效抓手和支撑力量。① 针对学生党支部的实际情况，基层党委和辅导员首先要加强教育、管理和监督，经常深入一线，带头示范，结合学生评优评奖、工作推荐等对党员做出严格要求，抓早抓小，防微杜渐，善于运用批评与自我批评、约谈函询，让“红红脸、出出汗”成为常态，逐渐使过党内政治生活成为一种习惯、一种自觉、一种责任。高校教育者在培养学生时，要有意识地将纪律意识贯彻于学生成长的全过程，这也是培养社会主义事业的建设者和接班人的题中之义。

---

① 参见张书林：《改革开放以来的从严治党：思想演进与逻辑考量——基于党的十九大坚定不移全面从严治党的视阈》，《党政研究》，2017 年第 6 期。

论新时代背景下高校领导干部意识形态工作能力的提升

吴柳雪[①]

摘　要：意识形态工作在高校的事业发展中起着十分重要的作用，高校领导干部作为学校发展的“掌舵手”，在坚持社会主义办学方向中发挥着举足轻重的作用，新时期意识形态工作的重要性和高校的历史使命均对高校领导干部意识形态工作能力的提升提出了要求，应该从高校领导干部意识形态问题的研判、处理能力和意识形态工作的领导力入手，全面提高高校意识形态工作的水平。

关键词：高校　领导干部　意识形态工作能力

意识形态领域是国家政治安全的前沿阵地，党和国家高度重视意识形态工作，党的十八大以来，以习近平同志为核心的党中央站在国家前途命运、长治久安、民族凝聚力和向心力的高度，对意识形态工作进行了决策部署和制度安排。习近平同志强调，我们必须把意识形态工作的领导权、管理权、话语权牢牢掌握在手中，任何时候都不能旁落，否则就要犯无可挽回的历史性错误。高校意识形态工作是意识形态工作的重要组成部分，高校领导干部是把控高校发展的“掌舵手”，提升其意识形态工作能力，对于坚持学校的社会主义办学方向，培养好社会主义建设者和接班人具有十分重要的意义。

---

① 吴柳雪，四川大学党委组织部干部，主要研究方向为高校党的建设和思想政治教育。

一、提升高校领导干部意识形态工作能力的重要意义

（一）意识形态工作的重要性要求高校领导干部提高意识形态工作能力

党的十八大以来，习近平同志多次强调“经济建设是党的中心工作，意识形态工作是党的一项极端重要的工作”“能否做好意识形态工作，事关党的前途命运，事关国家长治久安，事关民族凝聚力和向心力”，深刻揭示了意识形态工作的根本性、战略性和全局性的重要意义。当今国际社会意识形态争锋日益强烈，我国一直承受着西方话语霸权的压制和各种思潮的围攻，个别西方国家利用长期占据国际上意识形态话语权的优势地位，使用各种方式和各种手段对我国进行意识形态的渗透，甚至刻意制造事端，故意丑化孤立我国。全球化的发展加速了文化和社会思潮方面的交流，意识形态领域的错误论调在国内兴风作浪，出现了马克思主义理论被标签化、边缘化、空泛化的现象，甚至在一些学科中“失语”、教材中“失踪”、论坛上“失声”，诋毁、消解主流意识形态和去意识形态的错误倾向从未消停。互联网的迅猛发展彻底改变了媒介生态，新媒体凭借其传播速度快、互动性强、成本低、检索便捷、全民化等优点，快速成为意识形态工作的主战场、主阵地，以至意识形态的渗透更多元、更隐秘，而我国主流意识形态在利用新媒体上的传播方面还处于劣势，存在针对性不强、感染力不足、实效性不佳的问题，这也使得意识形态工作面临的形势更加严峻。

（二）高校的历史使命决定了高校领导必须具备较高的意识形态工作能力

高校历来处在意识形态斗争的前沿阵地，广大师生一直是意识形态斗争争夺的重要对象，历史的经验教训表明，高校意识形态工作不仅与高校的稳定及发展密切相关，而且牵动着社会的稳定与发展，影响着政权的安危和国家的前途命运。习近平同志在二十三次全国高等学校党的建设工作会议上强调，高校肩负着学习研究宣传马克思主义、培养中国特色社会主义事业建设者和接班人的重大任务，提出要强化思想引领，牢牢把握高校意识形态工作领导权。高校肩负着人才培养、科学研究和社会服务三大使命，承担着民族文化传承和创新的任务，是国内外主要思潮汇聚交锋的主阵地，高校意识形态工作可以说是国家意识形态的风向标。人才培养是高校的核心使命，关乎国家和民族的未

来，大学是青年人世界观、人生观和价值观形成的关键时期，当今大学生思维活跃，独立意识较强，对党史、国情的了解不够全面，容易被错误思想所影响。高校是理论研究创新的中心，是社会思潮传播的源头，在研究、学习和传播马克思主义，为国家培养马克思主义理论研究的人才，推进马克思主义的大众化方面发挥着重要的作用。近年来，高校教师群体年轻化趋势日益明显，有海外留学背景人员所占比例逐步上升，这些人亲历过西方的社会制度、文化和价值观，但是仍然停留于表面，认识不够深刻，个别教师甚至在课堂或网络上发表与主流思想不一致的观点，极易产生负面影响。因此，面对新时期新挑战，提升高校领导干部的意识形态工作能力迫在眉睫。

二、高校领导意识形态能力的主要构成及提升

（一）意识形态问题的研判能力

意识形态的研判是对社会思潮、热点问题和关键时间节点等会诱发意识形态问题的因素提前分析判断，进行早期预测，提前介入，做出先期的化解和处理。意识形态的突发性和多变性、意识形态工作的隐秘性和复杂性、思想育人潜移默化的性质和特点等都要求高校领导干部具有较强的意识形态问题的研判能力。但目前，部分高校领导干部不重视意识形态工作，没有定期召开意识形态工作研判会议，个别领导没有认识到高校师生员工对社会舆论的影响力，轻视与师生员工的政治思想交流，轻视西方意识形态对高校的渗透，对意识形态安全的危害重视不够，研判有误，没有认识到若对高校意识形态问题处理不及时、不妥当，均会造成严重的、难以挽回的损失。凡事预则立，不预则废。对意识形态问题进行准确研判可以使工作的关口前移，提前发现苗头性和倾向性的问题，及时进行有效的引导和疏导，就能牢牢掌握意识形态工作的主动权。

习近平指出："要炼就'金刚不坏之身'，必须用科学理论武装头脑。"高校领导干部分析意识形态问题的"望远镜"和"显微镜"是马克思主义的世界观和方法论，要提高领导干部意识形态的研判能力，就要在学懂弄通马克思主义理论上下功夫，运用马克思主义理论来把握时代的脉搏和社会发展的趋势，提高对社会思潮敏感度和舆情的敏锐度，才能从间接的事件中察觉出与意识形态问题相关的要点。此外，要加强对基层的调研，了解学校各个层面的发展情况，加强与师生员工的沟通，把握不同群体的心理特

征，掌握他们的思想动态，特别是对于接受新事物能力强，接触外部世界的机会多，而思想观念还没有定型，容易受外界影响的青年教职工和学生，需要领导干部深入调研，进行分析和总结。

（二）意识形态问题处理能力

意识形态问题的处理能力是领导干部在意识形态工作中发挥主动担当精神，运用科学方法处理意识形态问题的能力。意识形态的工作，不是被动地应付已经发生或正在发生的问题，而是要在日常管理中主动地去传播社会主义理论，创造性地利用马克思主义理论解决实际问题。这就要求高校领导干部具备较强的传播力、灵活性和创新精神。作为上层建筑的意识形态是民意的反映和凝练，意识形态工作本质上是一项顺应民意、争取民心的工作，高校领导干部要把握好意识形态工作的主动权，坚持群众路线，顺应师生员工的群体特点和心理特征，利用新媒体技术，积极主动地向师生员工传播社会主义意识形态。对于各种错误观点和错误思潮，既要敢于主动亮剑，又要灵活运用科学的方法，善于区分学术和思想的界限，学术的讨论应支持鼓励，思想的问题则要因势疏导。领导干部的创新力也影响着意识形态问题的处理能力，有了创新力，才能防止思想僵化、墨守成规，时刻保持对于意识形态问题的敏锐性和开放性。

意识形态的工作处理能力的提升，关键在于强化和落实领导责任，明确领导干部主动担当的责任意识。高校党委要从战略和全局的高度部署意识形态工作，建立和健全高校意识形态工作机制和问责追责制度，强化各级领导干部的责任意识，时刻站在意识形态工作的第一线。此外，要有明确的基本遵循，面对错综复杂的形势，要善于抓住重点，把握事物的发展规律。新时期意识形态工作的主阵地在网络，习近平同志强调："网民来自老百姓，老百姓上了网，民意也就上了网。群众在哪儿，我们的领导干部就要到哪儿去。各级党政机关和领导干部要学会通过网络走群众路线，经常上网看看，了解群众所思所愿，收集好想法好建议，积极回应网民关切、解疑释惑。"① 高校领导干部要善于学习新方法，运用新媒体与师生员工进行交流，分析社会热点和校园内思想动态，因势利导，创新思维，传播社会主义思想，占领意识形态工作主阵地。

① 习近平：《七亿网民是了不起成就　领导干部要常上网看看》，人民网，2016 年 4 月 20 日。

（三）意识形态工作的领导力

意识形态工作的领导力包含凝聚力和亲和力，是领导干部自身人格魅力和道德修养得到群众认可和追随的一种精神号召力。意识形态工作的出发点和落脚点就是凝聚人心，如果意识形态工作出现失误，整个社会就会变成一盘散沙。高校领导干部意识形态领导力的核心在于凝聚力，不同群体的利益诉求反映出不同的思想观念，展现出不同的价值取向，最终反映于政治态度。高校领导干部要牢牢把握意识形态工作的本质和内涵，善于抓住重点，协调好各方的利益以增强意识形态的凝聚力。另外是意识形态工作的亲和力，意识形态的内涵决定了在工作中要坚持以人为本的理念，体现出人文情怀。领导干部意识形态工作的亲和力来自其在工作中所展现出的感染力和号召力，不是干巴巴的理论宣讲，更不是强制性的制度约束，而是领导干部在意识形态工作中的人际互动，要以诚待人，以情感人，用心育人，走进师生员工的内心，将真理与人格的力量相结合，让师生员工发自内心地接受社会主义的价值理念。

高校领导干部要把控好各个群体的利益诉求，协调各方关系，实现好、维护好、发展好各个群体的利益，让不同的群体能凝聚到一起，为学校的发展做出贡献。领导干部人格魅力则来源于坚定的理想信念和高尚的道德修养，他们对于共产主义理想信念的坚持和工作生活中所展示出的高尚品德就是对马克思主义最好的宣传。因此，要强化对高校领导干部理想信念的教育，补足精神之“钙”，汲取中国共产党的优良传统和中华民族优秀文化的营养，提升自我的精神境界，保持清正廉洁的作风，将马克思主义的理论和人格魅力相结合，师生员工的亲切感自然油然而生，从而自觉维护社会主义意识形态工作的领导权、管理权、话语权。

参考文献：

[1] 铁铮. 高校意识形态研判工作的意义与强化 [J]. 思想教育研究，2018 (10).

[2] 张建明. 从战略高度认识高校意识形态工作 [J]. 求是，2015 (21).

[3] 方世南. “四力”合一：提升领导干部意识形态工作能力 [J]. 探索，2017 (5).

普通高校少数民族学生党员发展现状及路径研究

——以西南石油大学经济管理学院为例

袁　桔①

摘　要：在国家政策的引导下，越来越多的少数民族大学生进入高校深造，做好少数民族学生党员培养与发展工作，成为高校党建的重要内容。本文基于少数民族大学生的群体特点，分析高校发展少数民族学生党员的重要意义，以西南石油大学经济管理学院为例，根据少数民族学生党员的发展现状及其中的突出问题，提出加强少数民族学生党员培养与发展工作的措施建议。

关键词：普通高校　少数民族学生　党员发展

少数民族大学生是少数民族青年的中坚力量，近年来，在国家政策的引导下，为促进少数民族地区的经济、社会、文化发展和人才培养，越来越多偏远地区的少数民族学生获得进入高校深造的机会，逐渐形成了一个具有鲜明特点的学生群体。少数民族大学生有着较为强烈的民族自尊意识，有维护本民族荣誉和尊严的意愿，同时在进入大学前，他们所处的教育环境及拥有的资源相对较差，导致其学习基础较为薄弱，相同的地域、民族习惯容易形成老乡或民族团体，他们通常热情朴实，肩负着促进民族团结和民

① 袁桔，西南石油大学经济管理学院辅导员，主要研究方向为思想政治教育。

族地区经济文化建设的重要使命。深入了解分析这一群体，是做好大学生思想政治教育工作的基础。在这一群体中培养优秀分子、发展共产党员，树立榜样、确立骨干，发挥引领示范作用，对于促进少数民族大学生人才培养具有重要作用。

一、高校发展少数民族学生党员的重要意义

首先，从学生自身来说，有利于提高其思想水平和综合素质。深入学习党的先进理论，与优秀学生党员加强交流，对少数民族学生来说是一个自我提升的机会。发挥党员学生的模范带头作用和在少数民族学生群体中的影响力，可以不断带动其他少数民族学生力争上游的学风和干劲。

其次，做好少数民族学生党员培养工作，有利于促进民族地区的经济建设和发展。少数民族大学生是民族地区的知识精英和群众骄傲，他们中的大多数人学成后返回家乡，将先进的发展理念融入家乡建设，并逐渐成长为促进家乡发展的中坚力量，在他们中培育一批具有坚定共产主义信仰的后继人才和党员干部，对促进民族地区经济社会发展具有重要意义。

最后，做好少数民族学生党员培养工作，有利于促进民族和谐与团结。少数民族地区通常较为闭塞或偏远，对党的政策和路线接触较少，加上民族信仰等问题，导致他们容易被不法分子煽动，从而造成民族矛盾。培养和发展少数民族大学生优秀分子入党，通过各种形式和载体对他们进行党的理论、民族政策、宗教政策等方面的宣传教育，能够引导他们牢固树立马克思主义信仰，成长为维护民族团结和国家统一的有效力量。

二、少数民族学生党员发展现状及问题

以西南石油大学经济管理学院为例，目前，全院本科在籍少数民族学生共 244 人，占全院本科学生人数的 8%，其中本科少数民族学生党员 8 人，占全院本科学生党员的 4%，少数民族学生比例和少数民族学生党员比例存在较大差异，对做好少数民族学生宣传教育，加强少数民族学生党建工作存在一定的不利影响。综合分析后我们发现，少数民族学生党员培养工作存在以下突出问题。

一些少数民族大学生对党的基本认知不够全面。有些少数民族学生从小在宗教影响较深的家庭和环境中成长，他们的思想不同程度地显现出宗教和民族习俗的烙印，导致有些学生对宗教信仰、民族习俗和马克思主义宗教观之间的认知界限较为模糊，从而影响了他们对马克思主义宗教观的深入探索，也间接影响了他们的入党积极性。

个别少数民族学生入党动机较为模糊。有些少数民族学生虽然提交了入党申请书，但他们对于自身的入党动机没有一个清晰正确的认知，受周围环境和功利思想的不良影响，将入党作为增加就业竞争力的砝码，有些人随波逐流，看见别的同学提交申请自己也提交，缺乏深入的思考。

经济因素在一定程度上影响了少数民族学生的入党积极性。一些少数民族学生来自贫困家庭，他们疲于应对生活方面的压力，无法深入思考自身的入党政治信仰等问题。

少数民族学生群众基础相对较差。少数民族学生受本民族文化影响较深，形成了独特的思维模式、文化背景和心理特点，他们通常与本民族同学交往较多，与汉族学生交流较少，有些少数民族学生存在汉语水平较低等问题，在参与活动、表达自己和与他人交往过程中存在不畅，导致他们的群众基础较弱，不利于他们入党。

入党考察和选拔机制对于少数民族学生而言难度较大。比如从学习成绩方面看，为确保发展党员的质量，考察学生在学风方面的模范作用，学院发展党员时会对学生的成绩排名、英语四六级成绩等做出一定的要求，而少数民族学生多来自偏远地区，享受的教育资源和条件较差，学业文化基础不高，与汉族学生之间存在一定的差距，相关入党考察和选拔要求对部分少数民族学生来说难度较高。

三、加强少数民族学生党员培养与发展工作的措施

进一步做好少数民族学生的党员培养与发展工作，需立足于高校和少数民族学生的实际情况，从多方面开展好工作。

高度重视少数民族党员发展工作。在新形势下，加强少数民族学生党员培养工作是高校党建工作的重要内容，这不仅是壮大党员队伍的内在需要，也是促进少数民族学生成长成才，推动民族地区经济、社会、文化建设和民族团结的必然要求，高校要将此项工作作为重要任务来抓，统一思想认识，为创新少数民族学生党员培养与发展机制提供

保障。

要教育引导少数民族学生深入学习领会党的理论政策，积极培育社会主义核心价值观。以理想信念教育为重点，通过发挥第一课堂、党组织和辅导员的示范作用，加强对少数民族学生的政治理论教育和核心价值观引导，让学生明晰民族文化习俗与宗教信仰的区别，帮助学生正确掌握马克思主义理论和中国特色社会主义基本知识，坚定共产主义信念。《中国共产党章程》中指出，中国共产党维护和发展平等团结互助和谐的社会主义民族关系，积极培养、选拔少数民族干部，帮助少数民族和民族地区发展经济、文化和社会事业，铸牢中华民族共同体意识，实现各民族共同团结奋斗、共同繁荣发展。要教育引导少数民族学生坚持“民族梦”与“中国梦”紧密结合，大力普及“三个离不开”“五个认同”和“中华民族命运共同体”等中国特色社会主义思想教育观念，大力提高少数民族学生的入党积极性。

丰富党性教育载体，增强党性教育成效。鼓励少数民族学生积极参加暑期红色主题实践，缅怀革命先烈，感受无产阶级先辈的崇高精神熏陶。组织他们积极参与志愿活动，培养为人民服务的奉献精神。鼓励他们将所见所闻带给家乡百姓，成长为党的政策的积极传播者。为少数民族学生搭建各类学习成长平台，比如我校经济管理学院实施了少数民族学生“石榴籽计划”，通过开展相关活动，提高了他们的认知能力，增强了他们与汉族学生之间的交流交往，促进了民族联系与融合发展。

帮助少数民族学生解决实际问题，加强人文关怀。主动关心了解少数民族学生的现实困难和心理需求，帮助他们解决生活和学习上的困扰，进而在思想上坚定他们追求进步的信心。针对学习基础薄弱的少数民族学生，可以通过组建学生党员学习帮扶小组，组织“学霸”期末帮助复习等方式，帮助他们提高学习成绩，让他们充分感受到来自党组织和集体的关爱。针对家庭经济困难的少数民族学生，要深入了解他们的生活情况和家庭情况，通过助学金、临时困难补助、勤工助学岗位等方式帮助其解决基本生活问题，缓解其经济压力，同时积极开展感恩教育，增进他们对党和国家的认同感。

增强少数民族学生党员发展考核针对性。把政治标准放在更加突出的位置，在少数民族学生之间进行学习成绩良性比较和竞争，将活动参与度和群众基础作为考核的重要指标，优化发展少数民族学生党员的操作性，可以有效调动少数民族学生中的优秀分子积极向党组织靠拢。

总之，少数民族大学生不仅承载着国家的希望，更承担着维护民族地区繁荣与稳定的重要使命，高校应当做好少数民族学生思想政治教育工作，创新党员发展机制，培养少数民族后备人才干部，增强党组织的凝聚力和感召力。

全面从严治党背景下高校院系党组织政治核心作用发挥途径探讨

——以西南石油大学艺术学院党总支为例

殷　冲　孙晓光①

摘　要：高校院系党组织处在高校党建工作实践的最前沿，在全面从严治党向基层延伸的大背景下，需要进一步深入认识院系党组织政治核心作用发挥的重大意义，明确作用发挥的方向途径，从举旗帜、强组织、聚人心、展形象、守底线五个方面发挥好把方向、打基础、凝聚智慧力量、服务改革发展、确保安全稳定、树立清风正气的作用。

关键词：全面从严治党　党组织　政治核心

2018年9月10日，习近平总书记在全国教育大会上发表重要讲话，强调“在党的坚强领导下，全面贯彻党的教育方针，坚持马克思主义指导地位，坚持中国特色社会主义教育发展道路，坚持社会主义办学方向”。在新时代党的建设总要求中，坚持和加强党的全面领导是根本原则，坚持党要管党、全面从严治党是指导方针。我们要把根本原则和指导方针，与实践路径、基本要求、建设目标等紧密结合，力求党的领导、党的建

① 殷冲，西南石油大学艺术学院党总支书记，主要研究方向为文化传播和党的建设。孙晓光，西南石油大学艺术学院思想政治辅导员，主要研究方向为马克思主义理论和党的建设。

设切实加强。在全面从严治党向纵深推进的新常态下，加强党对教育事业的全面领导，坚持把立德树人作为根本任务，有助于更好地回答培养什么人、怎样培养人、为谁培养人这一根本问题。

一、深入认识院系党组织发挥政治核心作用的重大意义

高校院系党组织发挥着认真学习研究和贯彻党的路线方针政策及学校的各项决定，及时做出相应决策部署的政治核心作用，发挥着师资队伍建设、教育教学活动、科学研究活动、社会服务中的政治把关作用。政治核心作用的充分发挥有助于基层党组织准确学习研究马克思主义，有助于正确传播社会主义主流意识形态，有助于科学培养社会主义事业的合格建设者和可靠接班人。

二、院系党组织发挥政治核心作用的五大途径

（一）举旗帜：坚持不懈用党的基本理论武装全院师生

高举中国特色社会主义伟大旗帜，走中国特色社会主义道路，就要坚持不懈用党的基本理论武装思想，理想信念是共产党员精神上的“钙”，我们党的理想信念是建立在马克思主义科学指导的理论基础上的。基层党委、党支部要坚持政治理论学习，以学习贯彻党的十九大精神为主线，抓好抓实每月一次的中心组学习、两周一次的教职工政治学习和党组织集中学习，保证学习不断线。

西南石油大学艺术学院党总支举办首期青年党员干部理论培训班，集中开展专题学习，培训内容主要包括党的使命、道路问题、四川文化发展形势、学校的传统与精神、传媒人的成长与发展等，有利于引导全院师生进一步增强“四个意识”、坚定“四个自信”、做到“两个维护”，以更强的民族自豪感、历史使命感和工作责任感投入学习与工作之中。

（二）强组织：致力于构筑有凝聚力有向心力的战斗堡垒

院系党组织奋战在高校党建工作的第一线，肩负着落实党的教育方针等一系列重大

部署的任务，因此，要将党组织工作与学院工作统一起来，紧紧围绕学院的发展实际，充分发挥党组织的凝聚力和向心力，为学院实现又好又快发展保驾护航。

一是要建设党政同心、务实开拓的领导班子。坚持加强班子建设、增进班子共识的基本制度，如中心组学习制度、党政联席会议制度等，只有班子政治意识、大局意识不断增强，决策的科学化、民主化、规范化水平才会不断提升。

二是要以“两学一做”为抓手，提升支部和党员队伍的整体活力。坚持和运用好“三会一课”主渠道，打牢“学”这个基础，争取在学习中做到三个结合。以“三亮一述”落实“做”这个关键，一亮身份，二亮承诺，三亮业绩，四述表现，把“做合格党员”的思想自觉和行动意识自觉贯穿于学习工作的全过程。

三是要建设职责明确的工作运行机制。院级党组织要健全议事决策机制，制定党政联席会议实施办法，在人才引进、重要评价评奖等大事上进行集体研究，以确保党政共同负责制落到实处。同时也要不断优化内部管理机制，健全廉政风险防控机制。

四是要坚持党建带团建，高质量做好党员发展和教育管理工作。学生党员是学生干部队伍的骨干力量，在发展学生党员时要坚持规范程序，严把发展入口，把入党宣誓作为新党员加入党组织的神圣仪式和老党员接受党性再教育的生动课堂。依托党员爱心加油站，组织高年级优秀党员开展以帮扶低年级学生成长成才为目的的学长导航计划，该项目成功获批成都团市委基层团建重点项目。

（三）聚人心：用心营造团结一心和谐向上的工作氛围

用学院发展愿景凝聚人心。西南石油大学艺术学院作为成长型学院，要在明确发展目标定位的基础上，不遗余力地提升发展内涵，扩大业界影响。要让师生员工们看到学院的业界知名度、认可度、话语权在逐年提升。

用良好工作作风凝聚人心。学院党组织主动联系广大师生，想广大师生员工之所想，解广大师生员工之所需，用真心服务学院发展。长期以来，学院党组织的工作作风赢得了广大师生的一致认可；亦师亦友的师生感情赢得了学生的广泛认可；班子成员对党外人士的真诚关心和尊重得到了党外教师的认可。

（四）展形象：努力呈现朝气蓬勃奋发有为的精神状态

艺术学院党总支通过线上线下文化环境建设展示学院形象，成功进行网站改版，打造线上文化环境，通过师生共同创造的改革发展和育人成果展示学院形象，进一步优化了育人环境。

在党总支的坚强领导和精心组织下圆满完成审核评估工作。学院的工作和师生的表现给评估专家留下了深刻印象，学校60周年校庆献礼之际，艺术学院举全院之力，通过重点工作展示学院形象。

艺术学院党总支助力精准扶贫，积极承担社会责任。2018年，学院在全员师生中发起了“情系金阳”系列帮扶行动，通过承担社会责任、提供专业服务，展示了学院形象。

（五）守底线：全力构建安全稳定清正廉洁的发展环境

艺术学院党总支制定艺术学院党风廉政建设实施方案，明确党风廉政建设责任分工；排查全院党风廉政建设风险点，细化优化防控措施，层层签订责任书。学院针对查出的十个方面39个风险点组织专题会议，进行逐项认领，明确防控责任人和防控措施。确保守住廉洁自律的底线。

调整学院安全工作领导小组，层层签订安全责任书；完善安全管理制度，坚持定期安全检查，排查安全隐患；制定网站建设管理办法，规范信息发布流程，严格讲座论坛内容审核和文艺创作政治把关，全力确保政治安全；高度关注心理疾患学生，加强心理危机干预，防范极端事件发生，确保守住安全稳定底线。

高校院系党组织政治核心作用的发挥是新时期高校党建工作的必然要求，党组织要不断总结高校党建工作的运行规律，不断加强院系基层党组织在政治学习、思想建设、组织建设、文化建设、安全保障方面的主导权和领导力，只有这样，才能更好地发挥院系基层党组织的政治核心作用，不断推动高校党建各项工作又好又快发展。

大学生党员发挥先锋模范作用实证研究

——以西南石油大学经济管理学院为例

刘　波[①]

摘　要：大学生党员作为高校党组织中的重要群体，是优化党员队伍结构的新生力量，也是加强党的先进性建设的重要力量。保持共产党员先进性，发挥其模范带头作用，不仅是高校基层党建工作的关键，更是增强党组织凝聚力的重要保障。本文以西南石油大学经济管理学院为例，研究新时代大学生党员应该如何体现先锋模范作用，提升群众影响力。

关键词：大学生党员　先锋模范　群众影响力

大学生党员是一个有文化、有素质、年轻且活跃的群体，发挥大学生党员的先锋模范作用和群众影响力，不仅是高校党组织自身建设的需要，更是进一步加强和改进大学生思想政治教育，培养德智体美劳全面发展的中国特色社会主义合格建设者和可靠接班人的需要。

① 刘波，西南石油大学经济管理学院团委书记、副教授，主要研究方向为高等教育教学管理和大学生思想政治教育。

一、大学生党员发挥先锋模范作用的标准

中国共产党是中国工人阶级的先锋队，是中国人民和中华民族的先锋队，党员发挥先锋模范作用是中国共产党先进性的重要体现。为了实现中华民族的伟大复兴，实现全面建成小康社会的宏伟目标，作为中国工人阶级、中国人民和中华民族先进分子的共产党员，有责任成为时代的先锋，担负起历史使命。

新形势新任务赋予了共产党人新的使命，迫切要求共产党员发挥先锋模范作用，把握历史机遇和有利发展条件，进一步加强党的自身建设，团结好群众力量，为社会主义建设做出更大贡献。随着党员队伍的发展壮大、党员人数的增加以及新老队伍的交替等，党员队伍建设面临新的任务与要求。

本文以西南石油大学经济管理学院大学生党员为例，总结了模范党员的标准，强调党员要以身示范，勇当先锋，起好模范带头作用。一是争做廉洁正气的模范。带头服务群众，践行党的宗旨，遵纪守法，遵守公德，以身作则，认真履行先锋模范的职责。二是争做学习的示范。带头认真学习实践新思想、新理念，自觉坚定理想信念，认真学习科学文化知识，成为身边同学的示范者。三是争做管理的示范。学习先进的管理理念，服务同学需要，服务学校发展。

二、大学生党员从不同层面积极发挥先锋模范作用

（一）日常生活

学院党支部成员要时刻保持良好作风，任何时刻都不能放松对自身的要求。注意文明用语，注重个人形象，严格要求自己。在生活中发扬勤俭节约精神，不铺张浪费，不过分追求物质满足，在同学中起好模范带头作用。在个人日常习惯上，学生党员不仅要保持良好的卫生习惯，还应主动承担寝室卫生责任，维护寝室环境的干净整洁。

带头践行垃圾分类，认真贯彻学校的相关政策。积极与同学交流沟通，保持密切联系，妥善处理好同学关系，努力获得同学的信任与尊重，发挥积极表率作用。

（二）思想观念提升

学院支部党员在思想上要积极上进，求真务实，保持思想活力。通过每月开展的组织生活帮助党支部成员更好地增强党性，提升觉悟，使其在工作学习中更好地发挥示范作用。定期进行自我反思与自我批评，向党组织提交思想汇报，报告相关情况。支部党员要经常与他人进行沟通交流，根据意见反馈来审视自我，不断改进自身的思想观念，使其不断迸发生机与活力。

（三）专业与理论学习

学院党支部成员以学生为主，学习是学生的第一要务。支部党员通过带动“帮、比、敢、超”等多种形式的互动学习，使班上和各年级之间形成了良好的学习氛围，潜移默化地影响着周围的同学，激发他们的学习积极性、主动性和自觉性。除了加强专业文化课程方面的学习外，党员在课余时间也不能放松标准，要认真学习党章，提高自身的政治觉悟和综合素质。

（四）课外实践锻炼

在课外实践锻炼方面，党支部成员也起到了良好的表率作用。学院党支部成员主动参加“互联网+”、创青春、全国大学生电子商务“创新、创意及创业”挑战赛、营销学科竞赛、求职精英模拟招聘大赛、全球品牌策划大赛等，并获得了第二届“互联网+”省赛银奖、营销学科竞赛一等奖、营销学科竞赛二等奖、求职精英模拟招聘大赛一等奖、2018年全球品牌策划大赛一等奖等荣誉。学生党员在比赛中得到了自我锻炼，激励了更多的同学来主动参加实践。一些党员带领其他同学一起参加比赛，用行动来发挥党员的模范带头作用，积极为同学服务，共同成长进步。

（五）公益志愿服务

实践是自我发展与完善的有力途径，学院党支部成员身体力行，积极行动，旨在感染更多的同学。学院党支部成员积极参加无偿献血活动、公益捐款、为山区捐物、四点半课堂志愿活动、科普馆引导志愿活动等，在志愿服务中积极发挥自身的辐射作用。党支部成员还建立了公益信息共享平台，提供寻物解疑等无偿服务，覆盖上千名同学，为同学们带来了实实在在的便利。除此之外，从暑期实践到参与国家扶贫验收，再到扶贫移民局、街道办事处等开展的各类实践活动，到处都有大学生党员的身影。

（六）学生工作服务

学院党员一直将服务群众、帮助同学作为发挥示范作用的重点。支部成员在学生工作服务方面一直努力践行这一标准，发挥个人积极作用。部分党支部成员分别担任了本年级的班长、团支书、学习委员等，积极配合辅导员工作，与辅导员及时沟通交流班级情况，方便其掌握班级学生的思想动态，协助其对班级进行有序管理。认真举办班级活动，丰富同学们的课余生活，增进同学之间的感情，提高班级的凝聚力。主动帮助同学解决学习问题与生活困难，拉近与同学们的距离。此外，一些支部成员还担任了学院学生会主席、学生会组织部部长、社团理事等，努力在班级以外的组织发挥带头作用，其认真负责的态度也获得了师生的肯定，优秀党员形象深入人心。

三、先锋模范作用以及群众影响力调研分析

（一）党员认知情况

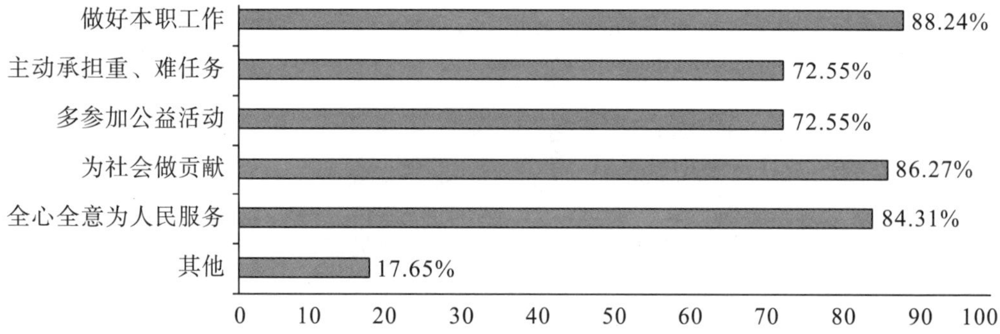

图1　学生眼中新时期党员的先锋模范作用

从图1的数据中我们可以清晰地看到，做好本职工作、为社会做贡献、全心全意为人民服务这三项的调查比例都超过80%，这充分说明我院大学生党员无论在知识理论层面还是实际行动方面，都时刻坚持一个共产党员应该具备的“高标准、严要求”的行为准则和为人民服务的思想意识。

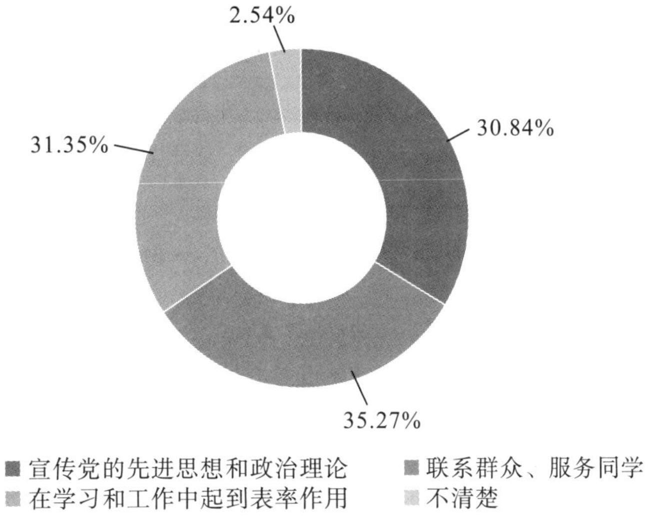

图 2　学生党员的主要工作

在对党员认知情况的调研中，部分学生认为党员应该宣传党的先进思想和政治理论，从而更好地发挥党员先锋模范作用。部分学生认为党员应该联系群众，服务同学，在学习和工作中起到表率作用。

（二）党支部工作认同情况

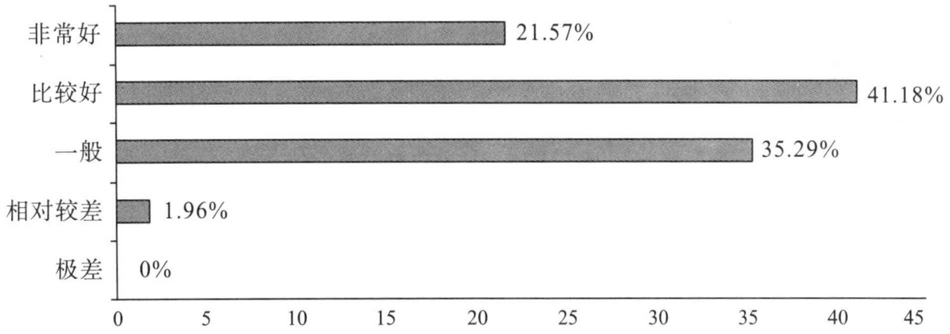

图 3　学院学生党支部工作落实情况

图 3 数据显示，认为党支部工作落实情况非常好、比较好的人数占比超过了 60%，如果再加上一般的认可度，可以达到 95%，这充分说明我院的党支部工作得到了大部分学生的认可，也为我们下一阶段的工作指明了方向。当然，也不能盲目乐观与自信，还有接近 2%的同学不满意我们的工作，这也是问题所在。在下一个阶段的工作中，我们应该针对这些问题进行深刻反思并及时调整改进，从而更好地服务同学。

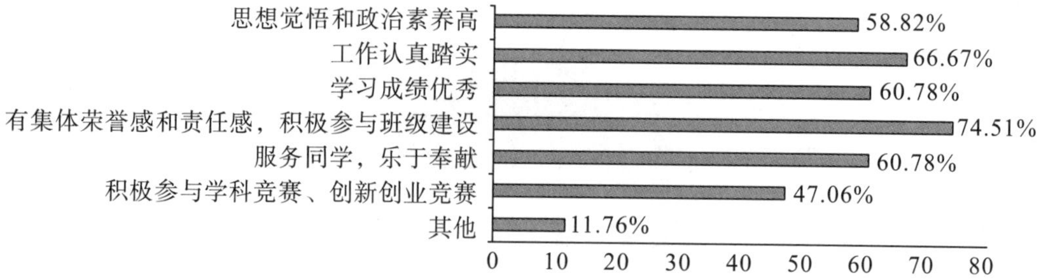

图 4　学院党员先锋模范作用类型

图 4 数据显示，对于学院党员的先锋模范作用，有 74.51％的同学认为党支部党员有集体荣誉感和责任感，积极参与班级建设，仅有 47％的同学认为学科竞赛、创新创业竞赛示范作用强，说明党支部模范作用影响力不均衡，在实践类活动中仍需努力。

（三）党支部发展建议

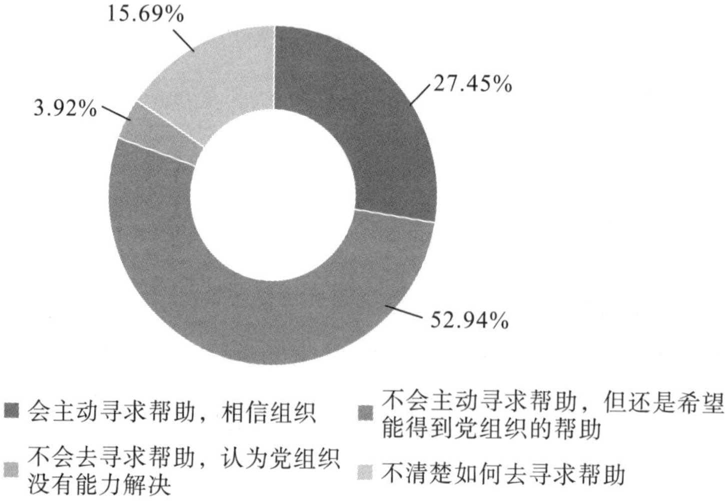

图 5　生活中遇到困难寻求党组织帮助的积极性

图 5 数据显示，约 50％的学生不会主动寻求帮助，但还是希望能得到党组织的帮助，这是值得党支部反思的地方，可以看到我们的工作思想及理念已经深入人心，但是在有些地方作用发挥仍然不够到位，在下一阶段的工作中要更加深入细致，党员同志要积极走到群众身边，了解他们的所思、所想、所见、所闻，及时帮助他们排忧解难。

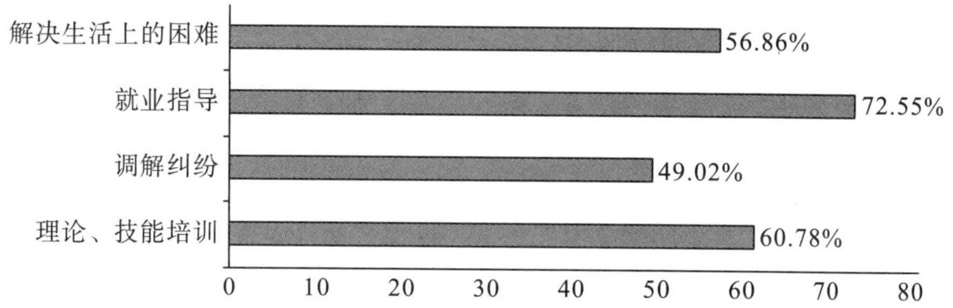

图 6　希望党组织未来提供的服务

从图 6 反映的情况来看，学院的同学们较为关心的方面主要包括就业指导、理论和技能培训、解决生活上的困难、调解纠纷这四个大的方面。由此可以看出，大多数同学更加关心就业和生活方面的问题。因此，在下一阶段的工作中，我们要将工作重心放在这两个板块上，切实解决同学们的实际需求，帮助他们提升能力，圆满完成学业。

四、改进建议

为了进一步加强学院学生党支部的组织建设，不断明确工作职责，完善工作制度，充分发挥党支部的战斗堡垒作用和学生党员的先锋模范作用，本文提出以下建议。

第一，坚持党性原则，提高把关定向的能力。深入学习领会并坚定不移地贯彻执行党的路线、方针和政策，自觉在政治上、思想上、行动上与党中央保持高度一致，密切联系实际，抓好中心工作和重大问题，保证具体工作中心不移、方向不偏。

第二，坚持支部工作与群众紧密结合，把工作落到实处。学院党支部工作要进一步密切联系群众，始终坚持从群众中来、到群众中去。从问卷结果我们可以看出，大部分群众认为学院学生党支部的党员工作落实较好，也希望能够得到党组织的帮助，但同时又认为党员的先锋模范作用和影响力较为一般。究其原因，还是党支部与群众联系不够密切，没有深入做好服务工作。在以后的建设工作中，党支部要更好地为群众做好就业指导、理论培训等多方面的服务，把工作落到实处。

第三，紧跟社会动态，开展校园活动。社会在发展，情况在变化，党支部的工作内容、工作方法也应随着形势而发展变化。学院党支部和学生党员应该以学习生活为主体，变革创新为特性，创新开展校园活动，不断丰富校园文化的形式和内涵。

第四，努力提高服务意识和能力。要更好地为他人服务，首先得让自己变得足够优秀，学生党员应该发扬艰苦奋斗精神，努力学习，热心服务，在帮助他人的过程中实现自身价值，在做好本职工作的同时为社会做出应有的贡献。

高校思想政治工作

GAOXIAO SIXIANG ZHENGZHI GONGZUO

新时代高校辅导员队伍建设与发展研究

——以四川 W 高校为例①

姜仕华②

摘　要：高校辅导员承担着立德树人的重要职责和使命，是学生成长成才的重要引路人。新时代高校辅导员要按照党和国家要求，不断加强自身建设，不断提升自身的综合素质和能力，全面培养德智体美劳全面发展的社会主义建设者和接班人。本文以四川 W 高校为例，总结归纳加强和改进高校辅导员队伍建设的一般性措施，分析存在的主要问题，并提出相应的对策与建议。

关键词：高校　新时代　辅导员队伍

党的十八大以来，习近平总书记就加强和改进高校思想政治工作队伍建设发表了系列重要讲话。教育部先后印发了《关于加强和改进新形势下高校思想政治工作的意见》《普通高等学校辅导员队伍建设规定》《高校思想政治工作质量提升工程实施纲要》等文件，对新时代高校辅导员队伍建设作出部署，提出明确要求。W 高校紧密结合党和国家部署，坚持以习近平新时代中国特色社会主义思想为指导，坚持以立德树人为根本任

① 本文为四川省教育体制机制改革试点项目“构建‘322’大思政工作体系改革试点”（项目编号：G1－06）及四川文理学院 2017 年度思想政治工作研究专项重点项目“学校‘322’大思政考核评价机制建设研究”（项目编号：2017SZ001Z）阶段性成果。

② 姜仕华，四川文理学院党委宣传部干部、助理研究员，主要研究方向为思想政治工作研究。

务，以贯彻落实全国、全省高校思想政治工作会议精神为重点，以推进思想政治工作改革创新为动力，紧密结合新时代高校思想政治工作发展形势，出台了系列改革措施加强和改进辅导员队伍建设，引导辅导员牢固树立“四个意识”，坚定“四个自信”，自觉做到“两个维护”，勇于承担教书育人的职责使命，为培养担当民族复兴大任的时代新人做出积极贡献。本文以 W 高校为例，总结归纳加强和改进高校辅导员队伍建设的一般性措施，分析存在的主要问题，并提出相应的对策建议。

一、W 高校辅导员的现况与结构

W 高校位于四川东部，是一所普通本科院校。现有学生 13200 多人，教职工 1000 多人，二级学院 17 个，本科专业 49 个，涵盖文学、理学、工学、教育学、艺术学、管理学、历史学、法学八个学科门类，是一所综合性大学。学校现有辅导员 61 人，其中专职 41 人，占比 67.21%；兼职 20 人，占比 32.78。有博士学历的 2 人，占比 3.27%；有研究生学历的 54 人，占比 88.52%；有本科学历的 5 人，占比 8.19%。20～30 岁的有 21 人，占比 34.42%；30～40 岁的有 30 人，占比 49.18%；40～50 岁的有 7 人，占比 11.47%；50～60 岁的有 3 人，占比 4.91%。初级职称的有 18 人，占比 29.50%；中级职称的有 35 人，占比 57.37%；副高职称的有 8 人，占比 13.11%。1 年以下工作经历的有 24 人，占比 39.34%；1～3 年工作经历的有 10 人，占比 16.39%；3～5 年工作经历的有 7 人，占比 11.47%；5～10 年工作经历的有 11 人，占比 18.03%；10～20 年工作经历的有 8 人，占比 13.11%；20 年以上工作经历的有 1 人，占比 1.63%。

二、W 高校加强辅导员队伍建设的主要措施

W 高校一直以来高度重视辅导员队伍建设，多措并举提升辅导员队伍学历结构、职称结构和综合素质，夯实人才培养基础。一是加强顶层设计，科学规划辅导员队伍建设发展，先后制定了《辅导员队伍建设意见》《兼职辅导员选聘及管理办法》《辅导员工作绩效考核评价办法》《辅导员职级职务晋升管理办法》等系列规范性文件，明确辅导员工作职责、配备与选聘、培养和发展等要求，着力打造适应新时代发展要求的高素质

辅导员队伍。二是严把辅导员“入口关”，新进辅导员必须为中共党员，必须达到硕士研究生学历，并由校领导牵头组织人事处、学生工作部、纪委等部门联合对辅导员的知识水平、应急处置能力、心理素质等方面进行全面考核和综合测评。三是加强辅导员队伍师德师风建设，依据《普通高等学校教师职业道德规范》《四川省教师职业道德行为准则》等对辅导员进行从严管理，引导其以德立身、以德立学、以德施教，争做教书育人的楷模。四是加强辅导员职业技能培训，每年集中组织开展一次辅导员专题培训，校领导分专题对辅导员进行职业技能培训，每年选派辅导员参加四川省哲学社会科学骨干培训和全国全省辅导员职业技能大赛，鼓励支持辅导员报考在职或全脱产硕士及博士研究生，不断提升辅导员的专业技能和学历层次。五是探索实施辅导员职称、职级晋升管理办法，对辅导员单列计划、单设标准、单独评审，拓宽辅导员职务职级晋升渠道。六是设立辅导员专项科研课题，鼓励支持辅导员申报国家级、省级专项科研项目，并对申报获批的科研项目实施经费配套，不断提升辅导员队伍的科研能力。

三、W 高校辅导员队伍建设发展中所存在的问题

W 高校是一所地方本科院校，远离中心城市，在辅导员队伍建设方面存在的困难既有共性也有个性。第一，尚未建立健全辅导员建设培养机制，对辅导员各方面的保障待遇没有完全落到实处，对辅导员工作没有建立科学完备的评价体系，辅导员全员育人的积极性和意识没有得到充分显现。第二，由于受地域和资金等方面的限制，优秀辅导员的引进难度较大，具有思想政治教育、心理学等学科专业背景的辅导员较少，一些人来应聘辅导员岗位，往往是把辅导员工作当作考研、考博的短暂停留处，有些年青辅导员觉得工作压力大，事情繁杂，工作不到两年就急于转岗或是跳槽到其他学校。第三，专职辅导员数量缺口较大，W 高校应配备专职辅导员 66 人，目前还缺 25 人，缺口率为 38％。四是辅导员结构不合理，年轻化趋势较明显，30 岁以下占比约 50％，工作年限不满一年的占比 58.5％，初中级职称占比 86.8％，严重制约和影响着学校的人才培养质量。

四、加强W高校辅导员队伍建设的对策与措施

辅导员是开展大学生思想政治教育的骨干力量，是高等学校学生日常思想政治教育和管理工作的组织者、实施者和指导者，加强辅导员队伍建设事关社会主义办学方向，事关立德树人根本任务的实现，事关社会主义合格建设者和接班人的培养质量，是一项基础性、系统性和长期性工程。面对新时代立德树人的根本任务和现实需求，高校辅导员队伍建设要坚持以习近平新时代中国特色社会主义思想为指导，全面推进辅导员队伍的专业化和职业化，着力打造有理想信念、有扎实学识、有仁爱之心、有职业操守的“四有”好老师。

（一）加强组织领导，建立健全辅导员培养培训机制

办好我国高等教育，必须坚持党的领导，牢牢掌握党对高校工作的领导权，使高校成为坚持党的领导的坚强阵地。高校党委要切实承担起辅导员队伍建设的主体责任，坚持党管人才原则，着力将辅导员队伍建设成为提升人才培养质量的关键力量。一是要依托四川省高校辅导员培训和研修基地及学校自身的资源优势建立健全辅导员全员培养培训制度，组织辅导员参加全省高校职业技能大赛，开展辅导员综合素质提升专题培训，支持辅导员到地方党政机关、企业、基层等挂职锻炼，不断提升辅导员的综合素质和能力。二是要把辅导员职务（职级）晋升纳入学校管理人员队伍建设的整体规划，进行统筹实施，制定辅导员管理岗位聘任办法，根据辅导员的任职年限及实际工作表现确定相应的管理岗位等级，建立辅导员职位职级“双线”晋升机制，进一步完善辅导员职称评审单列计划、单设标准、单独评审机制，拓宽辅导员职务职级晋升通道。三是要加大支持力度，鼓励辅导员在职攻读与工作相关专业的硕士、博士学位，优化辅导员队伍学历结构。

（二）强化理论武装，提升辅导员思想政治素质

高校教师要坚持教育者先受教育，努力成为先进思想文化的传播者、党执政的坚定支持者，更好地承担起学生健康成长指导者和引路人的责任。高校辅导员思想政治状况具有很强的示范性，要在习近平新时代中国特色社会主义思想的指引下，不断增强其对

中国特色社会主义的思想认同、理论认同、情感认同。要不断强化政治理论学习，把学习贯彻习近平新时代中国特色社会主义思想作为提升自身思想政治素质的重要举措长期坚持下去，通过开展形式多样、扎实有效的学习活动，增强贯彻执行党的路线方针政策的自觉性和坚定性。要加强形势政策教育，及时了解党和国家的重大方针政策和国际国内形势的发展变化，及时了解中央和省委决策部署，回答青年学生关心的热点焦点问题，把解决思想问题和学生成长成才的实际问题有效结合起来。

（三）严格选聘程序，配齐配强辅导员队伍

教师是人类灵魂的工程师。要认真落实中央、省委和教育部关于辅导员队伍建设的决策部署要求，把政治标准放在首位，坚持“高标准、多渠道、公开化”的选择原则，严格选聘标准、规范选聘程序，按师生比不低于 1∶200 的要求设置本、专科辅导员岗位，进一步选齐配强辅导员队伍。要进一步拓宽兼职辅导员、班主任的选拔聘任渠道，鼓励“教学名师”“师德标兵”、教授、博士以及优秀管理干部担任辅导员。要按规定配齐配强少数民族学生专职辅导员，切实做好少数民族学生的教育服务与管理工作。

（四）加强师德师风建设，打造师德高尚的辅导员

要把辅导员纳入教师队伍统筹管理，认真落实师德建设规范，从严要求和从严管理辅导员，从严督查和处理高校辅导员中的失德行为，对违反法律法规、校纪校规的，要依法依规及时处理。要引导辅导员恪守爱国守法、敬业爱生、育人为本、终身学习的职业守则，以自己良好的思想和道德风范去影响和培养学生，要用高尚的人格感染学生、赢得学生，努力成为学生成长成才的人生导师和健康生活的知心朋友。

（五）加强督查考核，完善辅导员考评激励机制

学校党委要牵头成立辅导员工作量化考核评价工作领导小组，制定完善科学合理的考核评价激励机制，把辅导员队伍建设情况纳入办学水平审核评估、党建述职评议和文明校园创建等指标体系，作为学校党委书记、校长和领导班子年度述职评议以及相关职能部门、院系工作考核的重要内容。学生工作部门要牵头负责辅导员的培养、培训和考核等工作，同时要与二级学院合作，做好辅导员日常管理工作，院系党总支负责对辅导员进行直接领导和管理。要根据辅导员的职业能力标准，按照定性与定量相结合、常规工作与特殊工作相结合、过程与结果相结合、师生评价与组织评定相结合等原则制定辅

导员考核的具体办法，建立辅导员队伍的考核评价体系，将考核结果与辅导员的职务聘任、奖惩、晋级与待遇等挂钩。要完善内部分配办法，充分考虑辅导员的工作性质和特点，科学设定绩效工资，确保其收入不低于本校专任教师和管理干部的平均水平。同时，要根据辅导员的工作特点，在岗位津贴、办公条件、通讯经费等方面制定相关政策，为辅导员的工作和生活提供必要保障，不断提升辅导员的幸福感和获得感。

新时代江姐精神融入大学生思想政治教育实践及路径

——以四川大学弘扬江姐精神为例[①]

张建兵　李明凤[②]

摘　要：作为红岩精神的重要组成部分，江姐精神代表着以江姐为代表的革命英烈在革命斗争中锤炼出的崇高政治品格和伟大革命精神。江姐精神植根于我国解放战争时期的具体实践，是我国革命文化和红色基因的重要体现。新时代开展大学生思想政治教育，将江姐精神有机融合进立德树人的全过程，不仅可以帮助大学生坚定理想信念，培养高尚的道德情操，更能增强大学生思想政治教育的实效性、吸引力和感染力。作为国家布局在西部的综合型高水平大学，四川大学在探索推进课堂教学改革的同时，依托学校红色文化，充分挖掘江姐精神，不断加强对红色基因、红色文化的传承弘扬，并通过建立江姐主题纪念馆、创作江姐主题舞台剧、设立江姐主题荣誉班级等一系列举措，教育引领广大青年学生继承和弘扬江姐精神，为新时代革命文化融入大学生思想政治教育实践及路径探索提供了借鉴和参考。

关键词：新时代　江姐精神　思想政治教育　路径

① 本文为四川大学习近平新时代中国特色社会主义思想研究中心研究项目“新时代革命文化融入大学生思想政治教育研究”（项目编号：2019XZX－20）阶段性成果。

② 张建兵，四川大学校长办公室人员，主要研究方向为高等教育管理。李明凤，四川大学党委宣传部，主要研究方向为大学生思想政治教育。

党的十八大以来，习近平总书记多次强调，要把红色资源利用好、把红色传统发扬好、把红色基因传承好；要把理想信念的火种、红色传统的基因一代代传下去，让革命事业薪火相传、血脉永续。2017 年 12 月，教育部印发的《高校思想政治工作质量提升工程实施纲要》中明确提出，要挖掘革命文化的育人内涵，实施“革命文化教育资源库建设工程”，开展“传承红色基因、担当复兴重任”主题教育活动，有效利用重大纪念日契机和重点文化基础设施开展革命文化教育。革命文化是中国共产党团结带领中国人民实现中华民族伟大复兴历史进程中所形成的一种文化形态，其中蕴含着丰富的革命精神和优良的革命传统。在当前复杂多变的形势下，高校开展革命文化培育与传承，不仅能有效抵制西方意识形态的传播与渗透，更能帮助大学生坚定中国特色社会主义的道路自信、理论自信、制度自信、文化自信，引导广大青年学生做好革命文化的继承者和传承人。作为高素质创新人才培养的重要阵地，高校应当探索将革命文化融入立德树人的培养实践中，全面加强大学生思想政治教育，以此有效引导广大青年学生弘扬革命文化，传承红色基因。此外，高校还应当充分挖掘自身的红色资源和革命文化，用生动的革命实例教育和感染学生，努力探索出一条革命文化与大学生思想政治教育有机互动和融合的道路。作为红岩精神的重要组成部分，江姐精神是著名革命英烈江姐及其所代表的一批革命英烈在伟大的解放战争时期用生命和鲜血熔炼形成的一种精神文化形态，对于新时代加强大学生思想政治教育具有重要的价值和意义。

一、江姐精神的时代内涵

江姐（1920—1949），原名江竹筠，1920 年 8 月 20 日出生于四川省自贡市富顺县的一个普通农民家庭。1936 年，江姐进入重庆南岸中学读书。1939 年，进入重庆中国公学附属中学读书。在此期间，江姐经人介绍加入中国共产党，其后与共产党员彭咏梧同志结婚，婚后主要负责中共重庆市委地下刊物《挺进报》的组织和发行工作。1940 年，江姐开始担任重庆中华职业学校地下党组织的负责人。1944 年 9 月，江姐进入四川大学学习。1948 年，彭咏梧同志壮烈牺牲后，江姐忍痛赴川东继续工作。1948 年 6 月 14 日，因叛徒出卖在达州万县被捕，她先是被关押在万县一所旅馆，后又被转移到国民党重庆中美合作所渣滓洞监狱，在狱中，江姐受尽酷刑仍然坚贞不屈，始终严守党的秘密。1949 年 11 月 14 日，江姐被敌人杀害，年仅 29 岁。在江姐短暂而伟大的一生中，她始终以一名共产党员的标准严格要求自己，为中华人民共和国的成立付出了自己的鲜血和生命，体现了一个共产党员的伟大革命精神。作为一种革命精神，江姐精神形成于解放战争时期，但其在新时代也仍具有丰富的内涵。

（一）追求崇高，信仰坚定

江姐童年时期曾在袜厂做童工并遭到残酷的剥削，切身体会到旧社会的腐朽黑暗以及统治者对劳苦大众的压榨剥削，进而激发了她推翻反动统治、解放人民、建立新中国的崇高理想。江姐在读书过程中又先后遇到丁尧夫、曾丝竹、何理立、戴克宇等一大批先进知识分子，并深受其进步思想的影响，从而树立了伟大的共产主义信念。江姐在革命斗争中能够坦然面对敌人的威胁和拷打，始终不移其志，主要是有理想和信念的精神支撑。其英勇事迹告诉我们，崇高理想和伟大信念不仅是实践行动的指引，也是披荆斩棘、战胜困难的精神支撑。江姐追求崇高理想和伟大信念的精神对于当代青年学生具有极其重要的教育意义。

（二）敢于担当，勇于进取

江姐不论是在少年时期，还是后来从事革命斗争时，都始终坚持刻苦学习，不断完善自己，其在南岸中学、中国公学附属中学、中华职业学校读书期间成绩一直非常优异，在考入四川大学后更是成为“学霸”，即使被关押在国民党重庆中美合作所渣滓洞监狱，仍然坚持学习，并教育和引导周围的被捕同志。抗战爆发后，江姐深感国家危难，主动走出校园，参加抗日救亡运动；加入中国共产党后，她更是积极投入工作，并凭借自身出色的组织能力担任中华职业学校地下党组织的负责人、中共重庆市委委员助手等。作为一名青年党员，江姐在革命工作中主动承担责任，敢于挑战困难。1948 年彭咏梧同志牺牲后，江姐在痛心之余仍然不忘自己所肩负的重要使命，毅然赴川东接替其工作，她说，下川东这条线的各种关系只有她熟悉了，这是谁也替代不了的。江姐的一系列言语和行动实践，深刻地体现了共产党员的担当和进取精神，是当代青年学生学习的榜样。

（三）不畏艰辛、英勇不屈

1946 年，江姐将唯一的儿子托付给亲戚，全身心地投入革命工作。在国民党重庆中美合作所渣滓洞监狱时，敌人对江姐进行了严刑拷打，但她始终坚定不移，从未屈服，并留下了“毒刑拷打算不了什么，竹签是竹子做的，共产党员的意志是钢铁”的名句。作为一名革命战争时期的党员，江姐具有坚定的革命信念，不为功名利禄，不怕威胁恐吓和毒刑拷打，这种不畏艰辛、英勇不屈的精神值得青年学生学习和弘扬。

二、江姐精神融入大学生思想政治教育的时代价值

习近平总书记在纪念五四运动100周年大会上强调，青年是整个社会中最积极、最有生气的力量，国家的希望在青年，民族的未来在青年。培养一批有思想、有素质、有能力的新时代青年是高校的重要责任和使命，这不仅需要高校全面深化教育教学改革、培养学生素质和能力，更要将思想政治教育贯穿教育教学全过程、贯穿学生学习生活的全过程。在新时代复杂的社会环境中，信息技术日益更新，思想和文化多元交错，加强大学生思想政治教育成为高校面临的重要课题。相比于传统思想政治教育而言，新时代大学生思想政治教育有一个很突出的特点就是传统文化与思想教育趋向弱化。目前，大学生思想认识多元化，价值判断复杂化，发展诉求多样化，一些消极或不良思想充斥其间，使得大学生思想政治教育难上加难。在这种情况下，高校必须要推动思想政治教育理念、模式、方式的创新，特别是要从革命文化中挖掘有意义的教育思想和内容，再以现代信息技术为辅助，则能很好地提升大学生思想政治教育的思想性、理论性和针对性。江姐精神作为革命文化的重要体现，对大学生思想政治教育具有重要意义，有助于更好地发挥革命文化的育人功能，有效地引导青年学生树立崇高理想信念，培养砥砺奋斗品质，锤炼品德修为，对于培育新时代社会主义合格建设者和接班人具有重大的现实意义。

（一）有助于当代大学生树立崇高信念

习近平总书记在纪念五四运动100周年大会上对新时代青年提出了六个殷切希望，其中第一个就是希望新时代中国青年树立远大理想。江姐精神形成于解放战争时期，面对敌人的严刑拷打，江姐没有放弃自己的革命理想信念，彰显了共产党人为共产主义拼搏奋斗的崇高品质。当前，历史虚无主义等不良思想在一定程度上影响了青年学生，将江姐精神融入大学生思想政治教育，不仅能够让广大学生深入了解和学习江姐同志的革

命斗争事迹，正确认识党和人民的革命斗争史以及当下幸福生活的来之不易，更能使他们自觉向江姐学习，坚定自身的理想信念，树立正确的世界观、人生观、价值观，进一步明确走中国特色社会主义道路和实现中华民族伟大复兴的决心和信心，真正实现“心中有信仰，行动有力量”。

（二）有助于当代大学生培养奋斗品质

永久奋斗是中国共产党人的优良传统。习近平总书记在纪念五四运动100周年大会上强调，今天，我们的生活条件好了，但奋斗精神一点都不能少，中国青年永久奋斗的好传统一点都不能丢。在残酷和恶劣的革命环境中，要取得革命的胜利，必须具备不怕吃苦的艰苦奋斗精神。江姐的生命虽然很短暂，但其在29年的人生历程中却始终不懈奋斗，砥砺拼搏。无论是学习生活，还是在革命工作中，江姐始终如一，不断努力完善自己，为革命事业而奋斗，彰显了共产党人艰苦奋斗的拼搏精神。随着我国综合国力的提升，人民物质生活水平得到了极大改善，一些青年学生逐渐丧失了艰苦奋斗的精神，滋生了享乐主义思想。当下青年学生与江姐参加革命事业的年龄相近，与江姐有着生理和心理上的天然相似性，在这种情况下，将江姐精神融入大学生思想政治教育，有助于培养大学生形成坚韧不拔的意志品质，继承和弘扬艰苦奋斗的良好作风；有助于激励青年学生勇于面对艰难险阻，在劈波斩浪中开拓前进，在披荆斩棘中开辟天地，在攻坚克难中创造业绩；有助于催发广大青年学生昂扬向上的精神状态，使广大青年学生全身心地投入中国特色社会主义伟大事业。

（三）有助于当代大学生锤炼品德修为

习近平总书记在纪念五四运动100周年大会上提出，青年要把正确的道德认知、自觉的道德养成、积极的道德实践紧密结合起来，不断修身立德，打牢道德根基。江姐虽然出身普通家庭，但其在革命斗争中所体现出来的舍己为人、无私奉献、敢于担当的品德修为是当代青年学生学习的重要榜样。将江姐精神融入大学生思想政治教育，有助于引导广大青年学生明辨是非，恪守正道，形成良好的品德和修养；有助于引导青年学生自觉抵制拜金主义、享乐主义、极端个人主义、历史虚无主义等错误思想，从而保持定力，严守规矩；有助于引导青年学生品悟人生真谛、生命价值和事业方向，自觉追求有高度、有境界、有品位的人生。

三、江姐精神融入大学生思想政治教育的实践及路径

作为四川大学的杰出校友，江姐在川大读书期间留下了丰富的足迹，成为川大的杰出校友和后世学子学习的榜样。四川大学充分挖掘以江姐为代表的红色资源，开展一系列以江姐为主题的教育活动探索，将革命文化融入大学生思想政治教育，为引导广大青年学生传承红色基因和革命文化做出了有益探索和实践。

（一）打造了以江姐为主题的宣传展示平台

四川大学在修缮改造江姐在校读书旧址的基础上建成了“江姐纪念馆”，还设立了江姐事迹主题展览室，通过图片、文献、视频等多种形式真实地展示了以江姐为代表的67名川大英烈校友的珍贵史料档案，其中既有江姐在四川大学时期的学生入学登记表、公费生膳食补助领取清册、学生休学名册，也有她在华西医院的手术记录，生动地还原了江姐在四川大学读书期间的学习和生活情况。纪念馆成立后，学校组织到纪念馆参观学习、开展主题党日活动100多次，深受广大师生的欢迎。同时，学校又在重大节日和纪念活动期间开展了“锦江红梅傲雪开——四川大学校友江竹筠烈士纪念展暨做新时代红色传人”主题教育活动。此外，利用校史展览馆、历史文化长廊、“烈士纪念墙”等宣传展示平台充分宣传和弘扬江姐精神，着力打造红色校园环境。

（二）创作了以江姐为主题的一批文艺作品

四川大学组织学生创作了大型舞台剧《江姐颂》，在校内开展了100场巡演活动；举办了系列“江姐颂”主题文艺晚会，努力以艺术化的形式展现江姐在川大的求学经历，教育并引导学生弘扬和继承江姐精神。同时，学校组织师生开展了以江姐精神为主题的诗词、歌曲、舞蹈、话剧、美术作品等系列文艺创作活动，并从中选拔一批优秀的文艺作品在校内外巡演并放在网络上传播；组织优秀的专业力量根据江姐形象创作了目前国内唯一的写实性江姐雕像，真实还原了江姐学生时代的形象。在庆祝中华人民共和国成立70周年之际，四川大学还编排试演了“江姐在川大”校园舞台剧，真实再现了江姐在川大的峥嵘岁月，通过创作以江姐形象为主题的一批文艺作品，教育引导广大青年学子继承和弘扬江姐追求真理、引领社会的进取精神。

（三）开展了以江姐为主题的革命文化教育

四川大学将生命科学学院“生物科学 2018 级拔尖试验班”设立为“江姐班”，选拔优秀学生组班学习，并将江姐革命事迹的学习、革命精神的传承和弘扬融入学生的日常学习生活中。同时，依托学校丰富的文史研究资源，设立专题研究项目、建设资源文献文库，组织优秀专家学者开展江姐主题研究。特别是，学校将江姐精神融入学生思想政治课程，举办江姐主题的微视频、微征文比赛，编写包括江姐在内的“川大英烈”系列丛书，举办“竹筠论坛”，成立以江姐为主题的各种形式读书会、研讨会，通过丰富多样的形式将江姐精神贯穿于学生思想政治教育的全课程、全过程。在庆祝中华人民共和国成立 70 周年之际，四川大学又举办了“让烈士回家”红岩精神活动，活动包括“四川籍红岩英烈事迹展览”、红岩英烈故事会、红岩精神宣讲报告等内容，重点宣传和展示了以江姐为代表的一批红岩英烈形象，教育引导广大青年学生弘扬革命精神传统，传承红色基因。

立德树人是高校的根本使命。加强思想政治教育关系到高校培养什么样的人、怎样培养人、为谁培养人这个根本问题，将以江姐为代表的革命文化融入大学生思想政治教育，不仅可以充分发挥革命文化的育人价值，也能切实提高大学生思想政治教育的针对性、实效性，更能为培养德智体美劳全面发展的社会主义建设者和接班人提供重要保障。

参考文献：

[1] 习近平．在北京大学师生座谈会上的讲话［N］．人民日报，2018－05－03.

[2] 习近平．在哲学社会科学工作座谈会上的讲话［N］．人民日报，2016－05－19.

[3] 张帆．红岩精神的大学生思想政治教育功能及其实践路径［J］．井冈山大学学报（社会科学版），2018（4）.

[4] 杜玉波．大力弘扬革命传统文化，切实加强和改进高校思想政治工作［J］．中国高等教育，2016（18）.

[5] 强卫．激活红色基因，焕发生机活力——学习贯彻习近平总书记系列重要讲话精神［J］．求是，2014（18）.

[6] 朱志明，欧阳秀敏．革命文化融入立德树人实践的价值意蕴及实现路径［J］．思想教育研究，2018（5）.

［7］陈松友，王楠．新时代红船精神融入大学生思想政治教育的路径探析［J］．思想政治教育研究，2018（4）．

［8］衣玉梅．红色文化视角下大学生文化自信路径分析［J］．思想政治教育研究，2018（4）．

［9］李国良，周向军．中华优秀传统文化的价值及其实现——基于大学生思想政治教育视域［J］．思想教育研究，2018（9）．

［10］赵婀娜．川大：以红色文化育时代新人（在一线）［N］．人民日报，2019－02－17．

［11］胡元聪，周建伟．用红岩精神塑造当代大学生的思考［J］．湖北社会科学，2005（3）．

［12］吴娜．红色基因的文化学考察［J］．人民论坛，2015（35）．

［13］周洪双．四川大学发现江姐在校期间新史料［N］．光明日报，2018－11－23．

论全媒体视阈下高校共青团思想政治引领工作的创新[①]

王天泽[②]

摘　要：全媒体融合发展给高校共青团思想政治引领工作带来了新的机遇与挑战，高校共青团如何适应互联网环境下的思想政治工作特点，适应高校思政工作改革创新和高校教育综合改革的新形势，已经成为高校共青团改革的核心要义。推动全媒体视阈下高校共青团思想政治引领工作创新，需要主动迎合全媒体大趋势，革新工作理念，时刻将全媒体“摆在案前”“了然于胸”“为我所用”，并“用之有道”，即从思想上引起重视，在工作中加强认识，在观念上主动迎合，在方法上不断创新。

关键词：全媒体　高校　思想政治引领

“全媒体”是诞生于新闻传播领域的一个新兴概念，随着研究的深入，其定义不断延伸，概括而言，全媒体是信息、通讯和网络技术条件下各种媒介实现深度融合的结果，是各种媒体介质的有机组合。全媒体融合使得信息无处不在、无所不及、无人不用，导致舆论生态、媒体格局、传播方式发生深刻变化，这一深刻变化在青年学生中产

① 本文为四川大学中央高校基本科研业务费项目“‘微时代’大学生党员党性教育及基层党建创新研究”（项目编号：sksz201807），“新媒体时代高校共青团思想政治引领的路径创新研究”（项目编号：2018tw17）阶段性成果。

② 王天泽，四川大学建筑与环境学院团委副书记，主要研究方向为思想政治教育。

生了重大影响。全媒体融合大环境下，高校共青团思想政治引领工作的主体、内容、对象都发生了剧烈的变化，同时也使宣传思想工作面临严峻考验。与此同时，全媒体技术的大发展也为高校共青团开展思想政治引领工作带来了新的契机。高校共青团作为引领青年学生思想的重要主体，必须紧跟全媒体融合大势，准确把握全媒体的新平台、新渠道，构建起完善的思想政治引领机制。

一、全媒体视阈下高校共青团思想政治引领工作的新形势

互联网使全球信息互联互通，消除了地域传播界限，舆论的焦点话题、表达方式，思维方式、价值取向、舆情的形成与消减都具有了全球性背景，网络舆论环境空前复杂①。从国际来看，一些国家持“中国威胁论”，不断在意识形态领域展开攻势，利用各种敏感时间、话题炒作社会热点，制造矛盾纷争，青年学生对网络中的这些舆论缺乏一定的判断力，极易被其左右。从国内来看，现实社会中的矛盾和利益冲突都在网络世界中呈现出来，各种社会思潮甚嚣尘上。大多数网络舆论背后都渗透着一定的意识形态、利益诉求和政治观点，必须站在国家意识形态安全的高度正确审视网络舆情。高校共青团承载着引领青年价值观的重任，但从目前高校共青团的自身工作情况来看，部分高校还存在重视程度不够、认识不够深刻、阵地管理不到位、队伍能力素质不适应、方式方法陈旧等现实问题。

与此同时，全媒体融合也为高校共青团思想政治引领工作创新提供了新的机遇。一方面，全媒体融合为高校共青团思想政治引领工作提供了多种多样的方法，我们知道，大众传播是影响人们思想的主要方法，而对善于接受新事物的大学生而言，全媒体融合带来的大众传播方式大繁荣也为思想引领工作带来了新的突破口。高校共青团可以使用更加轻松活泼、灵活多样的方法开展思想政治工作。另一方面，全媒体融合为高校共青团思想政治引领工作提供了多种多样的技术。相对于广播、电视、印刷等传统传播技术，网络媒介中思想的制造与传播明显都更加快捷、高效，极大地扩展了高校共青团思

① 申楠、杨琳：《复杂背景下网络舆论引导与网络环境治理探析》，《西安交通大学学报（社会科学版）》，2014年第4期。

想政治引领工作的技术边界。青年学生思想活跃，上网时间长，高校共青团网络思想阵地建设的成绩直接关系着其思想引领效果。

二、全媒体融合与高校共青团思想政治引领工作的契合点

2010 年之前，对于全媒体的研究与应用局限在传媒界，主要集中在媒体如何适应互联网技术的发展方面，如传统报业、出版业、新闻业的转型发展等。这一时期，全媒体尚未引起其他领域的关注。直到 2011 年，理论界开始有少量结合全媒体开展的交叉研究，如舆论引导、广告、营销、媒介素养等，但事实上，其在实际应用中已逐步繁荣。从 2014 年起，全媒体视阈下的大学生网络行为、校园文化建设、思想政治教育方面的研究与实际尝试成为热点。但发展至今，我们发现高校思想政治工作中对全媒体的认识、使用尚未达到应有的热度，使用效果也还有较大的提升空间。

2019 年 1 月 25 日，中共中央政治局在人民日报社就全媒体时代和媒体融合发展举行了第十二次集体学习。习近平总书记强调，全媒体时代是个大趋势，媒体融合发展是篇大文章。实现全媒体传播、推动全媒体发展成为当前互联网发展形势的必然要求。同时，加强对青年的政治引领是高校共青团工作的根本任务。《高校共青团改革实施方案》中明确提出了推进“网上共青团”建设的改革措施，包括提升新媒体的运用能力和水平、统筹建好网络工作队伍、加强网络文化内容供给等具体措施。适应互联网环境下的思想政治工作特点，适应高校思想政治工作改革创新和高校教育综合改革的新形势，已经成为高校共青团改革的核心要义。当前，共青团思想引领工作面临全媒体思维缺位的困境。体现在顶层设计上，是对新的互联网形势下全媒体发展现状的把握不足，对共青团思想政治引领工作的认识不够深入；体现在基层探索上，是互联网思想引领工作高负荷运转、平台资源零散缺乏合力、产品供给同质化严重、受众心理把握不足等。由此可见，构建全媒体视阈下高校共青团思想政治引领机制势在必行，大有可为。

三、全媒体视阈下高校共青团思想政治引领工作的创新

全媒体融合大发展使得大学生获取信息的途径不断增加，其思想、观念和认识也越

来越受诸多不可控因素的影响，单向灌输的思想政治教育模式已经不再适应新的媒体传播环境。媒体环境的变化实际上就是思想政治教育环境载体的变化，我们必须清楚地认识这一点。在全媒体视域下，高校共青团要发挥好青年大学生的思想政治引领作用，首先从顶层设计上引起对全媒体大环境的重视，主动迎合全媒体大趋势，革新工作理念，时刻将全媒体“摆在案前”；其次，要清晰把握四全媒体的特点，将全媒体融合“了然于胸”，再次，要主动出击，积极作为，寻找共青团思想政治引领工作与全媒体大融合的契合点，使网络技术的发展成果“为我所用”；最后，要不断总结经验，灵活高效地运用网络思想政治新技术、新手段、新渠道，做到对全媒体技术“用之有道”。

（一）“摆在案前”

思想是行动的先导，思想上的重视程度一定程度上决定着行动的实际效果。全媒体的发展速度极快，重视它、善用它可以使新时代开展高校思想政治工作事半功倍；但如果思想理念落后，始终停留于老一套的做法，则终将被时代抛弃，使得思想政治工作陷入困境。适应全媒体融合大发展，首先是要对全媒体大环境予以高度重视，革新工作理念，时刻将全媒体“摆在案前”。一方面，要清晰地认识到，全媒体融合为高校共青团思想政治引领工作带来了新的契机。全媒体技术的发展使得高校共青团思想政治引领的载体不再局限于课堂和线下活动，学生无论在教室、宿舍还是食堂，无论是早上、中午还是晚上，无论是在电视机前、电脑前还是手机上，都可以通过不同的渠道接受思想政治教育，这显然使共青团拥有了更加广阔的工作阵地。全媒体的发展使得高校共青团思想政治引领工作的内容不再局限于文字和图片，影视作品、短视频、动图、音乐等表现形式都可以得到充分利用，这极大地丰富了思想政治引领工作的载体。全媒体视阈下的思想政治引领工作区别于传统思想政治引领工作的一大优势是互动性更强，教育主体与客体之间能够通过网络媒介实现良好的互动，这为高校共青团更加贴近青年、实现以人为本的教育理念起到了重要作用。另一方面，也要明确，全媒体融合为高校共青团思想政治引领工作带来了新的挑战。在全媒体时代，全民皆可发声，人人都可以成为思想传播者，对于思想活跃的大学生而言，他们更乐意通过网络和社交媒介接收信息，但网络世界鱼龙混杂，大学生极易受到不良信息的干扰，这使得高校共青团的思想引领力面临严峻挑战。同时，信息的碎片化和海量化削弱了校园官方媒体信息的主导地位，在娱乐至上的网络环境下，高校共青团宣扬的主流思想极易被杂乱的信息所淹没。要全面地、辩证地看待全媒体，积极应对挑战，主动抓住机遇，在指导思想确立、相关政策制定、人员经费保障、工作机制设计上下足功夫。

（二）“了然于胸”

全媒体不是单一改造某一媒体，而是先优选广播、报刊及智能手机、移动终端等媒体载体，再深度择优选择媒体的传播内容，增强了信息传播效果。[①] 无论是从适应环境要求的角度还是科学应用传播载体的角度，都能充分认识和了解全媒体及其给高校共青团思想政治引领工作带来的改变。2019 年 1 月 25 日，习近平总书记在中共中央政治局第十二次集体学习时首次提出了四全媒体的概念，即“全程媒体”“全息媒体”“全员媒体”“全效媒体”。[②] 这一论断是对全媒体特点的高度概括，展现了习近平总书记对媒体融合发展现状的充分掌握，对我们科学认识全媒体起到了重要的指引作用。“全程媒体”的内涵是，媒体要在新闻事件发生的初期、中期、后期的全过程持续性地进行报道，让受众对新闻事件整体情况有所了解。同时，“全程媒体”还要树立全媒“一盘棋”的意识，即在新闻媒体运作的全过程中，策划、采写、编辑、分发和反馈等各环节应相互协调。“全息媒体”是指新闻以文字、图片、声音、画面、动漫、图表等多形式、多维度、多侧面进行立体化呈现、沉浸式传播，让媒体成为一个多功能的信息载体。全媒体最大程度上实现了媒体信息数字化与网络化，其将传统媒体与新媒体完美融合，促进了思想宣传、价值传导和文化感染的生动化与平民化，给思想政治引领工作带来了新的契机。“全员媒体”体现了传媒环境中的受众由被动接受转变为主动参与，构建起了一个全员制造、全员接收、全员互动的新型舆论环境。这种新型舆论环境完全打破了传者一方为主导，受者完全处于被动接收和接受的局面。“全员媒体”下的多中心逻辑要求高校思想政治引领工作要更加注重受众心理研究，将思想工作真正做到学生的心里，只有这样，才能实现坚强引领。“全效媒体”是从媒介传播效果的角度出发，使全媒体环境下受众对信息的需求得到充分满足。原因在于全媒体真正实现了各媒体间的相互交流与资源共享，同时基于大数据分析，实现了信息的个性化与定制化，高校思想政治引领工作要抓住全媒体这一特性，注重对学生个性化需求的满足。

---

① 李超民：《论全媒体环境下宣传思想工作的创新》，《思想理论教育》，2019 年第 6 期。

（三）“为我所用”

对于新生事物，人们往往有不同的态度，有的人抵触它、远离它，有的人欢迎他、研究它，两种截然不同的态度自然会带来迥异的结果。如前所述，一方面，全媒体融合是一种不可阻挡的趋势；另一方面，我们可以把握这一良好机遇。很明显，我们应该毫不犹豫地主动拥抱全媒体，使其“为我所用”。全媒体可以为高校共青团思想政治所用主要体现在三个方面。内容方面，全媒体传播内容信息量大、开放性强，这无疑为高校共青团思想政治引领工作提供了更为丰富、全面的教育内容，使得共青团组织的思想传播内容更具选择性、可接受性和科学性。同时，全媒体传播的快捷性使得思想引领内容不断更新，教育内容更具时代感和实效性。方法方面，首先，全媒体传播信息的多样性与开放性突破了传统的思想政治工作模式，使得高校思想政治引领从封闭转向开放。全媒体技术丰富了大学生获取知识、获得思想的渠道，教师的课堂教学不再是唯一途径，通过全媒体或其他社会实践可以更加便捷、直观地获得思想教育，这正是共青团的用武之地。其次，全媒体传播内容的多样性与开放性倒逼高校思想政治教育方式由说教转向启发，共青团应积极利用手中的学生干部资源主动出击，创造符合学生口味的思想引领产品，在启发式教育中发挥思想引领作用。最后，全媒体的交互式平台为教育主客体之间的互动提供了技术保障，共青团作为最贴近青年学生的组织，必须通过线上线下多种形式了解学生诉求，不仅要掌握学生需要什么，更要知道提供给学生的服务是否收到了预期效果，从而在及时反馈中推进思想政治引领工作不断优化、不断创新。载体方面，全媒体形态的多样性、亲民性以及全媒体技术的快速发展使得高校思想政治引领工作可以综合借助图文、声像、影像等多媒体手段。而渠道方面，可以根据青年学生的个性喜好，通过 QQ、微信、微博、抖音等媒体进行思想传播和价值引领，这种方式可以明显提高思想政治工作的实效性和针对性。

（四）“用之有道”

在全媒体时代，高校共青团思想政治引领已经与全媒体融合融为一体，要高效发挥共青团的思想政治引领力，需要革新全媒体视域下的思想政治引领工作理念，在思想政治引领工作的内容创新和方法创新上下功夫，把全媒体平台用实、用好。当今的全媒体环境信息繁杂，内容为王是绝对的生存法则。内容创新是高校共青团思想政治引领创新的关键，同时也是共青团不忘初心、面向未来的重要抓手。思想政治引领理所应当站在时代前沿和思想前端，体现出厚重的时代感与价值性，要从契合我国社会主义建设进入新时代及社会主要矛盾发生变化的角度出发，要注重思想政治引领所承载的内容与我国基本国情相适应，与国家主流价值观相一致，与我国优秀传统文化相传承，与社会主义核心价值观相匹配，厚植爱国主义精神、彰显青年担当、讴歌时代风尚，真正塑造健康向上的青年大学生品格。近年来，从共青团中央、团省委到各高校，在网络思想引领方面都做了许多积极的尝试，在青年学生中引起了强烈反响。“青年大学习”就是一个将团课搬到线上的好案例。“青年大学习”是共青团中央宣传部、《中国青年报·中青在线》联合制作的一堂网上主题团课，成功将习近平总书记重要讲话进行产品转化，分专题包装成一个个精美的 H5 产品，便于广大青年学习理解。这一尝试是贯彻落实习近平总书记关于加强学习、建设学习大国重要指示精神的有力抓手，是新形势下强化青年思想政治引领的新探索，其内容丰富、形式新颖、可读性强，极大地增强了思想政治引领工作的实效性。教育手段、方法直接影响着思想政治的引领效果，直接影响着青年大学生对于教育内容的认可度和接受度。在全媒体视域下，高校共青团思想政治引领工作要有所创新，有所突破，有所成效，必须在方式方法上下功夫。高校共青团思想政治引领方法创新的核心是方法的多元化，要重点利用线上线下相结合、室内室外相结合、校内校外相结合的形式。线上注重大学生活跃的主要网络阵地，建设高素质的网络宣传队伍，产出高质量的思想引领作品，将其及时精准地推送给大学生。线下主题活动的开展要采取学生喜闻乐见的形式，在突出思想政治性的同时兼顾趣味性与活泼性。教室内，教师的讲授要突破传统的授课方式，要加大小班化讨论、网络互动课堂的建设力度，真正体现学生在课堂中的参与感；教室外，校园文化艺术活动要与课堂主阵地形成一体化育人体系，课外教育要成为课堂教育的有力补充，避免各自为政；校内校外也要形成联动，让思政小课堂积极走向社会大课堂，为青年大学生积极搭建社会实践、公益活动、志愿服务等实践平台，让学生在实际行动中不断塑造良好的思想品德。

融媒体视角下高校二级学院共青团思想政治教育阵地建设路径研究①

章志华　张亦弛②

摘　要：当今在校大学生可以说是真正意义上的“互联网”一代，他们几乎处于“无人不网”“无处不网”“无时不网”的生活状态。本文以西南石油大学机电工程学院为例，从学院基于融媒体视角，利用互联网技术，沿着由学院党委的整体谋划布局，学工团队认真进行策划、指导、实施，全媒体中心功能日益完善，班级“网络班委”抓实落地的“一个中心、两个导向、三个主体、四个负责”的思路对高校二级学院共青团思想政治教育阵地建设的路径进行了探究。

关键词：融媒体　共青团　思想政治教育

当今在校大学生可以说是真正意义上的“互联网”一代，他们几乎处于“无人不网”“无处不网”“无时不网”的生活状态。网络早已不仅仅是他们获取信息的渠道，更成为他们了解世界、沟通世界、表达自我的重要部分。如何通过互联网技术对学生进行精准定位、良性沟通、积极引导，成为高校共青团思想政治工作中无可回避、必须解决

---

① 本文为四川省教育厅人文社科重点研究基地四川网络文化研究中心资助科研项目“习近平新时代中国特色社会主义思想融入大学生思想政治教育的多维度研究”（项目编号：WLWH18－32）阶段性研究成果。

② 章志华，西南石油大学机电院团委书记、讲师，主要研究方向为大学生思想政治教育。张亦驰，西南石油大学机电院辅导员，主要研究方向为大学生思想政治教育和媒体传播。

的重要问题①。

一、新形势下思想政治教育的重大任务

高等教育肩负着培养德智体美全面发展的社会主义事业建设者和接班人的重大任务，必须坚持正确的政治方向。当前，世界范围内各种思想文化交流、交融、交锋更加频繁，人们思想活动的独立性、选择性、多变性、差异性明显增强，运用社会主义核心价值观引领师生的任务更加艰巨。加强网络舆论引导，充分运用新型传播手段创新高校宣传思想工作，掌握网络舆论主动权的任务更加凸显。

高校共青团思想政治教育工作面临重大挑战，而其中的许多新情况新任务，在很大程度上是因“网”而生、因“网”而兴、因“网”而增。互联网作为一柄双刃剑，在带来挑战的同时也带来了机遇，如何更为有效地引领学生成长，成为新形势下高校共青团思想政治教育的重大任务。

二、新形势下高校二级学院共青团思想政治教育工作的挑战与机遇

高校二级学院承担着直接管理、服务、教育学生的任务，是大学生思想政治教育的主要实践者。面对日渐复杂化、多样化的思想以及突发性事件给理想信念尚不坚定的青年学生带来的冲击，面对学生日益增长的对于更有吸引力的教育形式、更便捷的教育服务、更专业化的教育引领的成长需求，二级学院共青团正面临“团队是否够成熟，服务是否够优质，资源是否够丰富，引领是否够有力”的挑战。

当然，在带来挑战的同时，互联网也为二级学院共青团的思想政治教育工作提供了机遇。二级学院提供的教育服务具有广泛性、针对性、急迫性等诸多特征，学生希望可以从学院的教育服务中获取所需，并且只对身边极有针对性的环节及内容表现出浓厚兴趣，需求表现较为急迫，并在形成路径依赖后对学院提供的教育服务具有很强的依赖性。

---

① 郭兆云：《融媒体时代高校教师媒介素养要求及实践》，《中国高校科技》，2016 年第 10 期。

辅导员职业能力标准中的九大职业功能分别为思想政治教育、党团及班级建设、学业指导、日常事务管理、心理健康教育与咨询、危机事件应对、网络思想政治教育、职业规划与就业指导、理论与实践研究。要从线下走向线上线下相结合，增强职业功能的及时性、便利性、吸引性和实效性。

如何更为有效地把握时代形势，更准确地洞悉问题，更多渠道地解决问题，利用网络更准确地把握学生的思想动态，更生动地进行双向互动，更精准地开展有效的教育活动，更大程度地吸引青年学生，更有效地引领学生成长，成为新形势下二级学院共青团思想政治教育阵地建设的重大问题。

三、融媒体的概念及适应性分析

要加强互联网思想政治工作载体建设，加强学生互动社区、主题教育网站、专业学术网站和“两微一端”建设，运用大学生喜欢的表达方式开展思想政治教育。开展工作要知己知彼，经实际调研，学生群体中使用较多的媒体软件主要是微博、微信和QQ。这三种软件各自具有不同的功能及特点，为了达到预期的成效，学院在利用这三种应用开展相关工作时要根据工作内容重点、平台优势、学生需求三个方面进行综合考虑①。

（一）学生常用平台简析

QQ具有广泛的使用基础，是辅导员了解学生思想和心理波动的有效工具，凸显了师生之间的互动性，有利于发现问题、解决问题。微博是近年来活跃的舆论工具，是大多数学生知晓、传播突发性事件的主要工具，微博因其内容传播广泛的特点，因而具有鲜明的对外联动性，学院和老师可以通过微博起到联动作用，扩大思想政治工作的覆盖面。

微信公众号是近几年崛起的一支力量，很多学生都有阅读公众号的习惯，因其庞大的用户基础和突出的展示性，微信已成为学院工作中一个重要的展示平台，展示内容往往能在学生中产生广泛而深刻的影响。结合二级学院资源有限、团队规模较小、学生需求广泛等现实特点，为依托互联网提供更优质的思想政治教育服务，特此引入“融媒

① 于艺：《当代中国运用“融媒体”推进马克思主义大众化存在的问题与对策研究》，渤海大学，2016年。

体”的概念。[1]

（二）二级学院融媒体的适应性分析

通常意义上的“融媒体”是充分利用媒介载体，把广播、电视、报纸等既有共同点，又存在互补性的不同媒体在人力、内容、宣传等方面进行全面整合。在二级学院的思想政治教育阵地建设方面，我们可以借鉴这一概念。在新媒体技术蓬勃发展、融媒体深度融入人们生活的今天，如何利用好融媒体这一新思路，将学生思想政治教育工作上的不利化为有利、被动化为主动，抢先一步占领青年思想舆论的阵地是我们正积极尝试、大胆探索的一条道路。

四、“融媒体”平台建设实践案例

（一）学院融媒体平台建设思路

基于融媒体视角，西南石油大学机电工程学院利用互联网技术，形成了由学院党委整体谋划布局，学工团队策划、指导、实施，全媒体中心完善功能化，班级网络班委抓实落地的“一个中心、两个导向、三个主体、四个负责”的思想政治教育阵地建设思路。在学院党委的整体谋划下，落实立德树人的根本任务。以学院党委对学生工作团队形成有力领导，学生工作团队对全媒体中心（网络建设团队）与“网络班委”（班级建设团队）形成有力引领与指导。学生工作团队为引领与指导主体，全媒体中心（网络建设团队）为创作主体，“网络班委”（班级建设团队）为落实主体。对网络服务质量负责，对学生成长负责，对舆论安全负责，对价值引领正确坚定负责。

（二）“一个中心、两个导向、三个主体、四个负责”的机制建设

学生工作团队作为二级学院思想政治教育工作的核心，是学院线上线下思想政治教育活动策划的主体，但其承担的主要是规划、设计、策划、督导、把控、总结等统领性工作。全媒体中心作为网络平台运营、网络服务搭建、网络文化作品制作的核心团队，

---

① 龚莉红：《交融与突破：融媒体视野下高校宣传工作研究》，《江苏高教》，2016 年第 3 期。

重点要将学生工作团队的核心理念与同学们喜闻乐见的表现形式相结合，真正将想法落到实处。班级作为大学生自我管理、自我教育、自我服务的重要基础载体，是一系列思想政治教育内容得以落地的关键一环，如何在辅导员的引导与全媒体中心的服务、支持下，结合班级实际将思想政治教育内容落地，是班级网络建设的重要课题，为此，学院特地制订了“网络班委”班级成长计划，从制度上保障各项思想政治教育项目良好落实。

（三）多渠道共同引导的融媒体平台建设

在融媒体多渠道多形式共同发展的思路下，我们积极探索引入电台音频、短视频、直播、HS、动画等多种多样的媒体形式，积极探索与学院内各新媒体平台及组织的相互整合，以提高学院思想政治教育的新鲜度、吸引力与实效性。

1. 以沟通互动为主导的“QQ网”建设

QQ已经成为所有即时通信软件中使用率最高的软件，其使用比例高达99％，而空间作为QQ最早的衍生品，绝大部分大学生几乎每天都会浏览，了解身边朋友的动态，空间媒体在大学生思想政治教育中展现了独到的渗透力和适用性。学院依托团委、学生会力量，在各班、各学生会部门均建立了空间平台，并相互关注，使各班级、部门空间平台成为吸附大学生的有力节点和传递信息能量的有效渠道，进而扩大网络的覆盖面。

2. 以展示引领为主导的微信建设

利用微信平台“石大青听”打造了一批与青年理想信念教育相结合的优质网络文化作品，切实加强了宣传教育、示范引领和实践养成，引导广大青年增强使命意识和责任意识，自觉把人生追求融入党和国家的事业。如统计制作的《大学挂科率排行》的图文作品被人民日报微博、四川省教育厅官方微信等主流媒体纷纷转载。

3. 以对外交流为主导的新浪微博

微博是主要的对外联络平台。通过微博积极与其他媒体平台展开互动，无形中扩展了社会影响范围。如作品《假期做该做的一件事》在学生以及社会大众中起到了良好的宣传、引导效果，得到了省教育厅、四川共青团、成都市共青团、省学联等组织的点赞和转发。

4. 基于网络直播等新兴媒体形式的全新尝试

“网络直播+学院‘网红’”“机·遇直播间”是机电院结合年轻人感兴趣的“直播”

对学生进行思想政治教育的新方式，“班导生面对面”对新生进行入学教育与答疑，“网红辅导员”为同学们盘点时事热点，解疑释惑。

五、二级学院思想政治教育融媒体平台建设效能与展望

（一）二级学院思想政治教育融媒体平台建设成效

学院多渠道共同引导的融媒体平台建设发展方针，基本建成了与学生密切相关、将思想政治教育与学生成长紧密联结的涵盖微信平台、新浪微博、腾讯空间三大网络主流平台的融媒体平台。

其中微信公众平台关注人数超3万，微信图文总阅读量超过100万人次，最高图文点击量达3万余；新浪微博发起的话题总阅读量突破200万人次；腾讯空间访问量超过60万；原创视频综合点击量超100万，单条视频最高访问量单日突破10万；原创歌曲点击量超过10万。作品获得国家级奖项4项，产出成都市基层团建项目3项，产出新媒体网络文化相关学术论文3篇。先后组织策划了省级活动1项、校外联合活动3项、校级活动20余项、院级活动30余项、精品栏目30余项、特刊数十期、原创视频80余条、微电影3部、原创歌曲3首。受到国家、省、市等各级媒体报道数百次。

（二）二级学院思想政治教育融媒体平台建设的基本经验及加强改进计划

注重统筹规划，将有限的力量用在刚性需求上；善于发动力量，将专业不足的短板用兴趣补上；乐于探索创新，将基础工作与新的体验相结合；积极关注需求，将工作与学生的成长需求匹配；引领源于疏导，将良性沟通作为思想引领前提。

进一步加强学院统筹规划。二级学院要主动凝聚学院内的媒体力量和人才，由学院党委全面统筹规划，在学院内部形成一道广泛而坚固的思想统一战线。进一步加强线上线下联动。实现思想政治实践教育、网络教育一体化，能更好地提升渗透网的品牌效应，更能结合线上活动形成线上线下思想政治教育合力。

进一步打造网络文明基地。以学院各新媒体平台现有粉丝为基础，广泛开展青年网络文明志愿者行动，组织动员广大青年注册成为网络文明志愿者，努力打造校内网络文明基地，引导青年科学、依法、文明、理性用网。

社会主义核心价值观建设

SHEHUI ZHUYI HEXIN JIAZHIGUAN JIANSHE

坚守文学经典　夯实文化自信①

刘雪苗②

摘　要：“经典”是现代社会文化视域中的一个关键词汇，本文以当代文化语境为背景，研判文学经典的内涵属性，重点关注它在认知与传播方面存在的诸多现实问题。把握文学经典价值的当代转化，是回应它遭遇各种危机的有效方式。文学经典在建立文化自信、推动文化创新等方面有着不可替代的作用。

关键词：文学经典　危机　当代价值　文化自信

被冠以经典之名的事物往往经历了时间的沉淀与历史的检验，而有趣的是，在当下，这一概念随时被讨论，轻易被使用。在经典这一范畴中，文学经典显然是极富代表性的存在。对待文学经典的态度，学界充斥着各种声音，有人以过时为由，企图将它赶到历史的故纸堆中；有人积极号召，让大家都加入“读经”的浪潮中；有人动辄把刚刚面世的作品奉为经典，大肆鼓吹。作为把握我国当下文化现状的一个重要切入点，文学经典的确需要我们去认真琢磨、重新认知。特别是目前，传统文化是涵养文化自信的源泉这一点已成为国人的共识，文学经典作为传统文化的重要组成部分，更需我们剖析其

① 本文为四川省高等学校思想政治教育研究会2017—2018年度课题一般项目“探究校园流行文化作品对高校学生影响”（项目编号：SCSZ2017087）、西华师范大学2017年度基本科研业务费项目“新媒体时代下大学生主流意识形态话语研究”（项目编号：17 G005）阶段性成果。

② 刘雪苗，西华师范大学党委宣传部助教，主要研究方向为西方文论与当代文化理论研究。

实质，研判其当代价值及实现路径。

一、经典与文学经典

在现代社会，经典这一概念的内涵已经相当泛化了，甚至在每个人的认知中都不一样。但无论如何界定其内涵外延，对它追根溯源是展开一切讨论的前提。

从单个语素的角度来看，“经典”一词早已存在，但它作为一个固定词语出现在各种著作中，则经历了相当长的一段时期。“经”原指织物的线，引申为常理、常道；“典”则指重要的文献、典籍。汉魏时期，它们开始被放在一起使用，最初用来指代几部确定的儒家典籍。而后在不同的语境中，其所指又稍有变化。渐渐地，它慢慢被确定为指代那些经过长久历史检验、极具权威性、饱含智慧的典范之作，这是一种较为大众化、通识化的论断，对此，学界虽未达成共识，但也大同小异，如“‘经典’，是指那些被人们确立为具有精神指向性的文化产品，是一个民族乃至国家、甚至是全人类的优秀文化的标识或符号，指导和一定程度上决定着人们的生活理念、价值取向、精神信仰等等”①，就是一种较为典型的论断。而这一定义中涉及的几个本质特征，也衍生出学界对“经典性”“经典化”的关注。毋庸置疑，经典在我国文化中占据重要的位置，代表着传统文化中最为精华的部分。

这一概念发展到现代社会，其含义在现实生活中日益丰富多样，甚至连词性都发生了改变。很多时候，它不是作为名词，而是作为形容词、动词出现，如人们会说“这个动作很经典”“将这个东西再经典化一下”，等等。在这里，经典只保留了原本内涵的表层特征——独特、令人难忘。它的外延也早已不单单用来指学术领域的各种典籍，甚至扩展到社会上的各个领域，于是，“经典”的身影随处可见。

当然，从历史的维度和接受群体的广度来看，经典仍多特指文学典籍，即文学经典。在学术界，人们面对这一概念时，也抛去了它被日常化、异化的一面，而从它的原初内涵出发来展开讨论。因而，经典的狭义所指等同于文学经典。

文学经典不是一个抽象的存在，如此来看，一个必然要讨论的问题就是这些作品是

---

① 普慧：《文学经典：建构、传播与诠释》，《文学遗产》，2018年第4期。

如何被确立为经典的，它们的特征是什么。一部作品要被在不同时代不同群体所承认和接受，必定要经历极为严苛的考验。在这一历程中，它要被人反复阅读、解析、评价，要经得住大师级别的学者的挑剔，要获得无数读者的喜爱与赞赏，要值得时代的传承。观详其中始末可以发现，每一部文学作品能够成为经典，其原因都是极为复杂的，其中包括个人推崇、群众追捧、时代风气、教育作用等因素，它们的确定路径、表现和历程各有不同。总之，这些作品貌似理所当然地被奉为经典，其实在背后经过了复杂的评判，体现着特定的文化秉性。

无论文学经典有何复杂表征，其本质属性都有相对明晰的界定。首先，它具有原发性、独创性。一般性的作品可以将重点放在重述、研究前人成果上，而要想被认可为经典，则必须要有自己的闪光点，特别是对于文学创作活动来说。其次，文学经典著作相对来说是永恒的，具有时空的跨越性，它用自己恒久的内蕴精神连接着过去、现在与未来。很多文学经典著作都着眼于人类历史、人性人生等重大议题，用深刻而含义丰富的话语给人们以许多启示。有的作品即使内容不是十分广博、深邃，但审美价值独特，可以在情感上震撼人的心灵。在国外，诸多学者有类似表述，例如丹纳在《艺术哲学》中指出，文学经典最主要的两个思想特征是最高尚的心灵达到了其时代的最高真理，表现了人类共同的感情与典型。

这几点是目前较为认可的特质，此外，文学经典的流动性也日益受到重视。反对文学经典的声音，往往过于强调“一时代有一时代之文学”，将流动性与适应性作为文学经典的重要特征甚至上升至本质属性的层面。诚然，具体的一部部文学经典作品的形成过程是动态的，在每一个历史时期都会迎来其新的变化，但过于强调这一点，就略显舍本逐末了。尤其是中国，作为一个文明历史传统从未中断的国家，其传统文化与外来文化无论如何相互作用，它的核心思想精神都始终保持不变，文学经典更是具有相对稳定性。

二、当文学经典遭遇危机

20 世纪 90 年代以来，文学失去了其轰动效应，辉煌不再，一直处于边缘化的状态，文学经典的地位自然也随之下降。但同时仍然有一部分人对文学经典秉持推崇、传承的态度，当然也有学者批评不应对它怀有过于虔诚、视之为真理的态度。这二者的相互作用与制衡无疑有利于人们以较为合理的立场与态度去面对文学经典。

在新的历史时期，在这个信息爆炸的时代，人们身处知识与信息的汪洋之中，很多情况悄然发生了变化。传统的、新兴的，本土的、外来的，书本的、网络的，这一切内容像暴风雨一样席卷了人们的日常生活。在这样一个追赶潮流的时代里，相当一部分人对文学经典的态度有了很大的变化——不以为然，轻视否定。如此一来，文学经典好像“理所应当”地迎来了危机。

此外，部分文学经典已经被改头换面，其价值成为吸引人眼球的噱头。很多文化产业出现了解构、颠覆、歪曲甚至否定经典的现象，部分创作者随意丑化、篡改原著情节，改变人物特征，以图产生新奇、引人发笑的阅读快感。“戏说”者却完全按照自己的意思和需要随意杜撰，胡聊海侃，甚至连其中的情节、人物、场景、事件等也都走了形，变了味，要么似是而非，要么面目全非。[①] 这是一种彻头彻尾的垃圾文学，只是靠披着经典的外衣来产生新的消费，根本不是正常的文学再创造。面对这种现象，无所谓的放任其大肆发展是绝对不行的。诋毁经典不可怕，因为了解原著的人会辨别，可怕的是很多人根本还没阅读原著就先接触到了这些伪作，这才是真正的误导。

同时，还有相当一部分人打着“繁荣通俗文学”的旗号去排挤文学经典。他们的姿态是“我承认文学经典好，但请你回到历史的故纸堆里”。在他们眼中，经典的流传就是在侵占通俗读物的市场。客观地说，对大众通俗文学的重视无可厚非，毕竟要考虑到最广大群体的切实需要，并且这也是当代文学繁荣的一种表现。但它们二者本身就不是二元对立，而是和谐共生的关系，一些很好的通俗文学本身就属于文学经典的范畴。此外，文学经典并不意味着远离人们的日常生活，相反，它们可以通过艺术真实深刻地反映生活真实。因此，在通俗文学日益繁盛的当下，人们更应该关注的是如何加大文学经典的传播力度。

另一个问题是文学经典作品队伍的爆炸式“扩张”。这种激增源于直接把经典的品格降低，将很多刚刚出炉的作品奉为文学经典。很明显，这种操作的可信度较小。“时间是一个十分重要的因素。换言之，仅仅是当代或很少几个时代是很难检验出真正的经

① 艾斐：《保卫经典》，《求是》，2004年第8期。

典的。”[①] 也许有人说，这起码表明大家还是认可文学经典的价值的，但这种做法却产生了深远的危害。它让文学经典的本质属性无关轻重，长此以往，人们会对于真正的文学经典失却向往、崇敬之感，最终会导致其存在价值的消亡。

而更为极端的是，部分西方学者认为，部分西方的文化经典是在不合理的前提下被确定并流传开来的，受这一观点的影响，我国一些人也提出，中国也应该推翻既有的文学经典，进行重新洗牌。我们要看到，这一结论是在西方的语境中得出的，至于其是否合理，仍然有待商榷。至于文学经典领域还存在一些问题有待解决则是另外一回事，不能因为存在争议而丢失了整个传承文学经典的传统。一种较为温和的看法是，文学经典的确是文化精粹，但它似乎更适合保存在博物馆、研究所，与之打交道的应该是学界的学者或专家。这些人明确地将经典隔离于我们当下的时代。

要解除这些危机，显然需要正面的回应与切实的措施。在这一过程中，明确文学经典在当下语境中的价值是十分必要的。

三、文学经典价值的当代转化

文学经典的价值绝不等同于一般文学作品，也区别于具体的文学经典著作。关于文学经典的价值问题，学界一直众说纷纭，其争论点自然不在有或无的层面，而在于对其核心价值的定位。看重文学经典伦理价值的传统论调与强调其审美价值的观点针锋相对，也有人提倡，文学经典的最大价值在于揭示普遍人性方面的意义。对此，我们应该认识到，核心价值固然需要定位，但在当代的具体历史语境中，可以暂且搁置这些争鸣，从对其深层核心价值的关注移位到对其直接价值进行研究，将重心放在把握文学经典价值的当代转化。

在当下，对文学经典的传承直接关乎中华民族文化自信的建立。文化自信是一个群体对其自身文化价值和生命力的认同与肯定，也是个体对其所属文化共同体的信服与坚定。而文学经典既是它生成的根基，又是它得以不断增强的活动载体。随着岁月的累积与沉淀，文学经典伴随着国家、社会一同发展，早已成为一种文化精神，融入了民族的

① 刘象愚：《经典、经典性与关于“经典”的论争》，《中国比较文学》，2006年第2期。

血液。它所包蕴的内容如此丰富、深刻，它的优秀文化基因是与生俱来的。在《诗经》中，原始初民展示了他们醇厚的性格、质朴的文采；通过《离骚》，伟大爱国主义诗人的爱国情愫代代相传；一部《红楼梦》堪称绝唱，引众多学者竞相研究，甚至形成了一门显学……所有的文学经典作品形成了关于民族精神的映照，它们是对我国人民喜怒哀乐最生动的书写，因而传承文学经典是坚定文化自信的必要途径。

除去文学经典对本民族的固有价值，在世界范围内，它在国家核心软实力方面的作用更应该得到充分评估。不管世界如何共融，各个国家、民族还是要保持自己的特点，只有这样，才能找寻到一种归属感。经典具有丰富而重要的文化价值和构造民族国家文化认同功能。① 面对全球范围内汹涌澎湃的资源争夺，现代国家真正属于自身、一定要守住的，还是那些经过千百年考验依然得以流传的文化瑰宝。同样，那些被本国人民珍视的东西也会得到其他民族的认可，成为全人类共同的财富。文学经典作为传统文化中最核心、精华的部分，应该让其引领我们传承民族文化精髓。经典的确有被不断重估的必要，但不管重估的呼声多么热切与强烈，都不能放弃对文学经典的重读与传承。

近年来，从国家到个人，都力图在传统文化的创造性转化中找到自己的文化归属感，而文学经典在文化创新方面的价值则不可估量。对待经典，我们所应该采取的立场就是大力弘扬与谨慎“创化”。之所以要大力弘扬，是因为经典是人类智慧的结晶，是“历史的天空”中永远闪烁的星斗。② 以文学经典为依托，文化创新才有了抓手，发展才有了新路。文学经典具体表现为文本形式的存在，其精神性可以超越历史，但文字与表述却需要进行创造性的阐释，如此方能进入当下人们的审美视野。这种转化被赋予了一定的现代意识，除了学界的学术性论述，也应允许通俗化的重构。对文学经典的内容进行当代对接，可以让文化创新适应新时代的需要，从而获得生命力与影响力；以文学经典的符号系统为养分，可以衍生新的文化范式，激发新的文化元素；借鉴新视野、新概念、新技术，可以赋予文学经典以新形式、新诠释。当下，文学经典对文化创新的价值体现得越发明显，目前已有诸多范例：利用新科学技术，传统媒体与新媒体的深度融合使文学经典在各种平台获得了新的传播方式，那些被遴选进行推介的经典作品深入人

---

① 舒开智、张丽：《文学经典在当代语境中的价值和意义》，《广东广播电视大学学报》，2008 年第 2 期。
② 郭世轩：《传统文艺经典在消费社会中的呈现》，《广西社会科学》，2007 年第 10 期。

们的日常生活领域；在各种艺术圈，特别是影视界，以各种文学经典为蓝本素材，相关文化产业得以大力发展。尤其是网络文学的兴盛，瓦解了印刷时代“雅俗对立”的模式，相当多的网络文学作品以文学经典作品为数据库，借鉴它们的写作手法、成书体例，获取其中的文化精神，二者相互成就。

此外，文学经典不容忽视的当代价值还表现为，它可以让人们在群体追求物欲的大生存背景下暂且从失衡的精神状态中逃离，获得一席舒缓之地。在快节奏的消费时代，“人的异化”早已不是什么骇人听闻的提法。当代很多人都处于一定程度的精神压力之下，而文学经典能带给我们什么呢？每个时代的读经，都有对于时代问题的不同回应。文学经典内蕴的文化基因既有反映人类共性的一面，又有对现实问题的共鸣与回应，这些作品无疑可以满足我们的精神诉求。而作为个体去阅读经典，不光是一种精神消费行为，更是在从事一种创造性的生产活动。

当下，文学经典固然面临诸多问题，例如泥沙俱下的当代文学面临经典遴选之难，其他维度的问题则更为复杂。因此，现在大家对它态度各异，分歧较大。但充分重视文学经典是展开一切讨论的前提，它们的确都从各自的角度开拓了人类精神空间，提供了无法取代的意义之维。[①] 总之，它既是高雅典范的，同时又是可以亲近的。如何对文学经典的当代价值研判到位、践行到位，是当下亟待解决的问题，我们更要不断找寻运用文学经典涵养文化自信的正确方式。

① 李春青：《文学经典面临挑战》，《天津社会科学》，2005 年第 3 期。

新时代增强大学生文化自信的路径探究

夏天鸿[①]

摘　要：青年是国家的希望、民族的未来。在新时代背景下，要增强大学生的文化自信，提升大学生的文化素养。高校要培养高素质人才，为建设社会主义文化强国，实现伟大民族复兴的中国梦提供中坚力量。但由于全球文化交流、交融、交锋，欧美思潮的不断冲击，部分大学生缺失文化自信，盲目崇拜西方文化，对传统文化较为漠视，对社会主义先进文化和革命文化缺乏必要的了解。高校应因时而进，因势而新，从课堂教学、校园文化建设及网络思政工作等方面探索新时代增强大学生文化自信的有效路径。

关键词：新时代　大学生文化自信　路径探究

习近平总书记指出，文化是一个国家、一个民族的灵魂，文化兴国运兴，文化强民族强，没有高度的文化自信，没有文化的繁荣兴盛，就没有中华民族的伟大复兴。对于大学生而言，新时代机遇与挑战并存。大学生们肩负着实现中华民族伟大复兴的历史使命，是国家的希望、民族的未来，是推动中华优秀传统文化实现创造性转化，创新性发展，继承革命文化，发展社会主义先进文化的中坚力量。因此，增强大学生文化自信，

① 夏天鸿，西南石油大学机电工程学院辅导员，主要研究方向为大学生思想政治教育。

提升大学生文化素养，培养其成为高素质人才，对于建设文化强国、实现伟大中国梦具有重要意义。

一、新时代文化自信的基本内容与鲜明特征

在十九大报告中，习近平总书记立足新时代，对党的十八大以来关于文化自信的一系列阐述进行了深化和创新，进一步肯定了新时代文化自信的重要地位和巨大作用，深刻阐释了新时代文化自信的主要内容和发展战略，科学回答了如何坚定新时代文化自信、实现国家文化繁荣昌盛等重大问题。

习近平总书记在庆祝中国共产党成立 95 周年大会上指出，文化自信，是更基础、更广泛、更深厚的自信。在 5000 多年文明发展中孕育的中华优秀传统文化，在党和人民伟大斗争中孕育的革命文化和社会主义先进文化，积淀着中华民族最深层的精神追求，代表着中华民族独特的精神标识。新时代中国特色社会主义文化自信的基本内容主要表现为对中华优秀传统文化、革命文化以及社会主义先进文化的自信。几千年的历史演变与传承形成了新时代文化自信的源泉，即优秀的中国传统文化是新时代中国特色社会主义的思想根基，为建设文化强国提供源动力。革命文化经过历史的检验与沉淀，为新时代文化自信提供了“红色基因”。社会主义先进文化具有强烈的时代气息和感召力，为文化自信提供了前进的方向。中国优秀传统文化、革命文化以及社会主义先进文化有机统一，要以繁荣和发展中国特色社会主义先进文化为主体，在坚持传统文化的创造性转化、继承和发扬革命文化的过程中实现三者的有机统一，从而铸就中华文化新辉煌的自信①。

随着历史进程的不断演变与推进，中国文化由传统化逐渐迈向现代化，在新的历史背景下，中国特色社会主义文化自信展示出了鲜明的时代特征。首先，新时代文化自信是道路自信、制度自信、理论自信的根本。文化的内涵在于理想信念，关乎中国特色社会主义发展的价值方向，文化自信为道路自信、理论自信、制度自信提供文化滋养。其

① 阎纯德：《弘扬优秀文化，守望文化自信》，《中国文化研究》，2017 年第 4 期。张明：《论新时代文化自信的三重关系》，《求索》，2017 年第 10 期。

次，新时代文化自信是踏上新征程、实现中华民族伟大复兴的精神支撑与动力。一个国家、一个民族，如果没有文化自信，就失去了精神支撑，伟大梦想就难以实现。同时，新时代文化自信能够凝聚人民智慧，形成健康向上的文化氛围，发挥强大的文化感染力，提供先进的理论体系、发展道理与伟大制度，为走好新征程、夺取新时代中国特色社会主义伟大胜利提供精神动力。最后，新时代文化自信是中华民族保持精神独立性的根本，中华优秀文化博大精深、源远流长，滋养着世代中华儿女，构建了中华民族独特的思维方式与价值信仰，坚定的文化自信能够帮助国民抵抗欧美思潮的冲击，抵御文化入侵，为文化安全提供强有力的保障①。

二、新时代大学生“文化自信”缺失的主要原因及表现

新时代背景下全球文化深度交流、交融、交锋，欧美资产阶级思想在我国得以传播。高校中部分学生受负面思潮影响，部分大学生文化自信缺失，其原因以及表现可以主要分为以下三个方面。

（一）对外来文化盲目崇拜

部分大学生受到西方文化的冲击后存在崇洋媚外的文化心态，以洋为尊，唯洋是从。他们对情人节、愚人节、圣诞节等外来节日极为重视，但对中华民族传统节日如清明节、端午节等则知之甚少。部分人喜欢进口产品，摒弃国产产品，对“中国制造”嗤之以鼻。

（二）对中华传统文化的认知不足与漠视

党的十八大以来，各高校陆续开展了一系列弘扬中华优秀传统文化的主题活动，如主题班会、社会实践、传统竞赛等，但有些活动流于形式，学生参与度不够，教育面不广，部分学生对中华传统文化认识不足，缺乏信心。

高校大学生对传统文化了解程度的调研报告显示，有50%左右的高校学生对传统文化有一定了解，40%的人表示只了解一点，由此可以看出，绝大多数大学生对于传统

① 刘波：《习近平新时代文化自信思想的时代意涵与价值意蕴》，《当代世界与社会主义》，2018年第1期。王尚君、刘娟：《新时代中国特色社会主义文化自信探析》，《毛泽东思想研究》，2018年第2期。

文化的认识程度还有待提高。大学生对于传统节日、诗词歌赋、民族音乐以及乐器和书法的了解相对较多，而对于四大名著、中华戏曲、武术了解不够或表现出低兴趣状态。部分学生对于弘扬传统文化态度较为淡漠，对于高校开设的传统文化相关课程以及弘扬传统文化的主题活动参与度不够或热情不高。在了解途径方面，大部分学生了解传统文化主要通过电视、微信等平台，对传统文化常识和相关知识的认知仍然比较欠缺①。

（三）对革命文化与社会主义先进文化缺乏了解与传承

在历史的发展进程中，井冈山精神、延安精神、抗战精神、大庆精神、“两弹一星”精神等具有鲜明特征的革命精神先后形成。

当代大学生对革命精神的学习与传承度不够，有些学生受历史虚无主义等思潮的影响，甚至出现了误读与抵触现象，对革命文化与精神缺乏认同。新时代背景下，不同的文化冲击着高校大学生的思想，新媒体时代表情包及流行语广泛传播，譬如一些反鸡汤、扭曲事实的英雄表情包等，不断向大学生传递非主流文化价值观，影响着大学生的内心世界。部分大学生对革命文化的传承度不够，缺席升旗仪式、升旗时态度不庄严等现象时有发生。部分大学生依靠消费、娱乐等方式暂缓生活和学习方面的压力，缺乏吃苦耐劳、刻苦学习、努力奋斗的精神品格。当前，高校主要通过思想政治课对大学生进行社会主义先进文化教育，但教学内容及教学方式均存在一定不足。部分教师照本宣科，教学形式单一，对于新时代大学生缺乏吸引力。同时，大部分大学生对于社会主义先进文化的指导思想的学习仍然有待加强。

三、新时代增强大学生文化自信的路径探究

青年兴则国家兴，青年强则国家强，习近平总书记指出，当代青年是同新时代共同前进的一代，我们面临的新时代，既是近代以来中华民族最高的时代，也是实现中华民族伟大复兴的关键时期。青年是国家的希望、民族的未来。高校要努力增强大学生的文化自信，提升大学生的文化素养，从而培养高素质的国民，建设文化强国，为实现伟大中国梦保驾护航。新时代背景下，增强大学生文化自信要因事而化、因时而进、因势而

① 徐冶琼：《试析网络对大学生文化自信的影响》，《学校党建与思想教育》，2018 年第 8 期。

新，以增强对中华优秀传统文化、革命文化及社会主义先进文化的自信为目的，以课堂为主渠道，利用好每一门课，注重校园文化建设，以文化人，以人育人，抢占网络思想教育阵地，充分发挥网络育人的良好作用。

（一）发挥课堂主渠道作用，科学全面推进文化自信教育深入课堂

新时代增强大学生文化自信的关键在于如何推进中华优秀传统文化、革命文化以及中国特色社会主义文化入脑入心。大学生接触和了解中华优秀传统文化、革命文化、社会主义先进文化的主要渠道和载体是课堂，高校在发挥思想政治理论课在增强大学生文化自信主渠道作用的同时，要坚持以文化自信作为思想政治理论课的基本导向，从文化自信的深刻内涵出发，通过思想政治理论课程为大学生深入科学地分析优秀传统文化的内涵，帮助大学生全面认识革命文化的形成过程、发展历史与持久生命力，准确把握社会主义先进文化的特质与发展前景。

目前，高校开设的思想政治理论课程主要包括“思想道德修养与法律基础”“中国近代史纲要”“毛泽东思想和中国特色社会主义理论体系概论”“马克思主义基本原理概论”“形势与政策”，以及相关文化类思想政治理论选修课程。例如，在“思想道德修养与法律基础”课中，要重点阐述关于中华优秀传统文化的创造性转化与民族精神的继承与发扬，重点讲述传统文化的精华，引导学生忠于祖国，忠于人民，立鸿鹄之志，做奋斗者，求真学问，练真本领，知行合一，做实干家。在“中国近代史纲要”中，要重点引导学生全面认识革命文化的形成历史与具有持久生命力的原因，帮助大学生学习和继承革命精神，消除大学生对革命文化的认知误区与认同危机。在“毛泽东思想和中国特色社会主义理论体系概论”与“马克思主义基本原理概论”这两门课中，要重点讲清楚社会主义先进文化的发展与繁荣在于坚持马克思主义不动摇，社会主义先进文化是面向现代化、面向世界、面向未来、民族的科学的大众的文化，要帮助大学生对其进行正确理解，从而增强大学生的文化自信①。在“形势与政策”这门课的学习过程中，可以重点结合习总书记的系列讲话，在课堂中组织开展专题研讨。可以在思想政治类选修课中开设一些专题课程，注重关于内涵的阐释，如以“中华优秀传统文化”“革命文化”“社

① 刘丽敏：《以高度的文化自信涵育坚定的政治信仰——“中国近现代史纲要”课贯彻十九大精神的思考》，《思想理论教育导刊》，2018年第1期。

会主义先进文化”为主题的文化素质教育课程。在选修类课程中，可搜集、挖掘、遴选出优秀的经典文化资源进行公开授课，如将《长征故事》等经典故事、《红岩》《智取威虎山》等经典红色电影纳入选修类课程范围，开设中国话剧、书法、武术等经典艺术类别的赏析学习课程，用好这些经典资源，对于增强大学生文化自信具有重要作用。

（二）因时而进，加强校园环境建设，以党建促团建，以文化人，以文育人

在全国高校思想政治工作会议上，习近平总书记指出，加强高校思想政治工作，要更加注重以文化人以文育人。对此，要广泛开展文明校园创建，开展形式多样、健康向上、格调高雅的校园文化活动，广泛开展各类社会实践。优化校园文化环境，提升校园文化活动质量，开展社会实践，对于增强大学生的文化自信尤为重要。

1. 不断加强校园文化建设，发挥校园环境增强大学生文化自信的文化育人作用

增强文化自信，首先得增强大学生对校园文化的自信，引导学生爱国的前提是引导学生爱校。要通过加强对学校校史馆、图书馆等文化集中地的建设来引导学生学习学校精神，传承学校校训。高校要以教学场所、学生寝室、学生食堂三个阵地为主，其他场所如学校绿化场所、办公楼、体育场所等地为辅，注重对优秀传统文化、革命文化和社会主义先进文化的宣传，发挥校园生活环境的育人作用。如在学生寝室，通过组织学生开展寝室文化节活动，引导学生在寝室装扮过程中以中国传统文化等为主题进行设计，增进大学生对传统文化的了解与学习，营造良好氛围。

2. 坚持党组织在新时代增强大学生文化自信的先锋引领作用

中国共产党始终代表中国先进文化的前进方向，要增强大学生的文化自信，构建增强大学生文化自信的路径，党组织自身先要具有高度的文化自信，为此，要加强高校党员的先锋引领作用，增强党员的文化自信，以党建促团建。党组织要坚持“三会一课”制度，组织党员学习党章，学习习近平新时代中国特色社会主义思想，学习优秀传统文化、革命文化与社会主义先进文化，坚定文化自信。学习要注重实效，避免形式主义。党组织要富有创造性地开展增强党员文化自信的党建活动，如“革命精神熔铸奋斗之魂，激扬青春奏响筑梦之歌”、党员重走长征路等。要组织开展好党员活动，举办增强

大学生文化自信的有关宣讲，进行科学指导，以讲好“中国故事”为依托①，结合党团组织生活、专题学习、文化活动等途径，充分发挥党员的先锋模范作用，增强大学生的文化自信。

3. 充分发挥共青团组织在新时代增强大学生文化自信的作用

高校共青团应帮助广大青年确立正确的理想和坚定的信念，应坚持开展“青年马克思主义者培养工程”，充分发挥“点燃一盏灯、照亮一大片”的示范作用，培养一批思想政治素质过硬的青年骨干。还应充分利用主题教育实践活动，广泛开展系列主题教育活动，如“我与国旗合个影”“一二·九演讲比赛”等，激发学生的爱国热情。通过“晒出家乡的传统习俗”“中国优秀传统文化展演比赛”等引导更多的学生了解和学习中国传统文化。利用好团组织生活学生参与面广的特点，广泛开展以中华优秀传统文化、革命文化以及社会主义先进文化为专题的主题活动，深入推进文化自信教育融入学生生活，比如可以开展“青春喜迎十九大，不忘初心跟党走”“儿行千里家风相伴，国兴盛世十九大相随”等主题实践活动。

学校应高度重视并打造一批具有文化活力的社团，以学生社团建设增强大学生文化自信。学生社团是学生根据兴趣爱好自发组织的团体，参加社团的学生应具有较强的文化自觉。学生社团组织开展丰富多彩的文化活动，有利于中国优秀传统文化的继承和发展，特别是文化类社团，如某些高校成立的手工协会、书画协会、传统文化交流学会、文化交流社等。

扎实开展具有文化特色的社会实践活动，开拓校外实践渠道，建设特色文化实践基地，让学生在实践中了解国情，学习优秀传统文化。

开阔文化视野，充分发挥社会实践在增强大学生文化自信方面的重要作用。利用暑假，组织学生参加“青年大学生学习实践团”主题实践活动，让大学生主动学习并宣传党的十九大精神和习近平新时代中国特色社会主义思想，在实践中不断学习社会主义先进文化。开展“青年红色筑梦之旅”主题实践活动，组织学生深入革命文化基地，学习并传承红色基因，挖掘革命精神，弘扬革命文化。

---

① 夏赟、袁高燕：《高校思想政治工作中如何提升大学生的“文化自信”——以讲好“中国故事”为载体》，《继续教育研究》，2018年第1期。

（三）因势而新，抢占网络思想政治教育制高点，构建增强大学生文化自信的网络路径

在移动互联网飞速发展的时代，网络思想阵地成为“兵家必争之地”，网络媒体成为西方国家推行意识形态的重要工具，负面思潮不断冲击着当代大学生，高校面临更为严峻的思想政治工作形势。碎片化和快餐式的网络信息接收形式、爆炸式与鱼龙混杂的网络信息特点、“去权力中心”和“圈层化”的交流方式影响着大学生对于中国优秀传统文化、革命文化、社会主义先进文化的继承和发展。增强大学生文化自信，高校应因时而新，从因势利导到造势引导，从虚实结合到深度融合，强化队伍保障，壮大网络文化舆论阵地，打造网络文化经典作品展示栏目，创新文化传播方式，重视“意见领袖”作用。

1. 强化队伍建设，提供网络文化建设基础保障

习近平总书记在全国高校思想政治工作会议上指出，做好高校学生思想政治工作，要运用新媒体、新技术使工作活起来，推动思想政治工作传统优势同信息技术高度融合，增强时代感和吸引力，这就对网络思想政治工作队伍提出了更高的要求。首先，网络思想政治教育工作人员应该具备坚定的理想信念与过硬的政治素质，高校要培养一支“又红又专”的网络思想政治教育队伍。其次，思想政治工作者要具备捕获、分析与处理信息的能力，这样才可能预见和发现网络文化中对受教育对象产生消极影响的负面信息苗头，并及时加以应对。高校应及时进行引导与干预，不能让消极颓废的文化有可乘之机，影响大学生的文化自信。

2. 重视网络文化监管，合理发挥“意见领袖”的作用

新时代大学生已经是“95后”，甚至“00后”了，网络信息时代发展迅猛对新时代大学生的影响是显而易见的，不断动摇着大学生的“文化自信”。表现在新时代网络媒体带来的道德文化消极颓废、交流文化低俗恶搞，消费文化庸俗化带来的随意颠覆经典、讽刺社会，对传统文化较为淡漠。对于当代大学生中所呈现的文化现象，高校不应放任自流，一方面，应有效整合高校新媒体宣传平台，加强对校园网络平台，特别是新媒体平台，如QQ、微信、微博、易班、贴吧等信息交流平台的监督与管理，对于网络平台出现的网络谩骂、语言暴力、低俗个性化表达、哗众取宠等现象要及时加以引导，帮助学生养成良好的网络使用方式，促进形成一个和谐的网络使用环境；另一方面，要

重视网络“意见领袖”的作用，从早期的论坛版主，到贴吧吧主，再到QQ群主以及易班班长，再到各类主播。网络小群体的“意见领袖”，网络世界可谓百花齐放，形式多样。这些网络“意见领袖”依靠虚拟网络成为新的群体中心，具有一定的影响力，高校应努力培养一批网络“意见领袖”，引导学生树立正确的主流文化消费观，不断修正网络中出现的负能量，弘扬主流价值观，增强大学生的文化自信。

3. 创新文化传播方式，打造有涵养的网络空间

随着移动端口的迅速发展，“低头族”现在已随处可见，因此，文化传播需将传统媒体与新媒体进行深度融合。在构建网络文化教育的过程中，要抓住网络“内容为王”的特点，定点打造一批网络文化经典作品，同时，也要抓住重要的时间节点，打造专题网络文化栏目。

合理利用黏附性较强的社交媒体，创新文化传播方式，打造一个有文化涵养的网络空间。整合现有的关于弘扬优秀传统文化、革命文化以及社会主义先进文化的优秀网络作品资源，创新性地转化现有的文化经典作品，着力打造能够引起学生共鸣的、有吸引力的、具有文化自信内涵的原创性微视频、微电影、歌曲MV等网络文化作品，撰写有感染力、有时代特征的网络推文，结合重要的时间节点，通过QQ空间、微信公众号、抖音、快手等新时代大学生喜爱的网络平台广泛进行传播，从而构建网络文化育人氛围，增强大学生的文化自信。

来华留学生的社会主义核心价值观传播策略①

陈钰萍　赖国毅②

摘　要：本文以毛泽东思想、邓小平理论的对外宣传理论以及习近平新时代中国特色社会主义对外宣传理论为研究出发点，针对我国高校在来华留学生的社会主义核心价值观传播中存在的教学内容陈旧、忽略价值观教育；高校顶层设计缺位，缺乏分工明确的管理机构和传播形式单一的问题，提出了四个策略措施，即加强顶层设计，积极回应国家战略需求；重视课堂教育，推动价值观教育进课堂；加强传播平台建设，挖掘隐性课堂的独特优势；丰富传播形式，全方位感知社会主义核心价值观。

关键词：来华留学生　社会主义核心价值观　传播

在文化的对外传播过程中，要高度重视价值观念的对外传播。提高国家文化软实力，要努力传播当代中国的价值观念，加强提炼和阐释，拓展对外传播平台和载体，把当代中国价值观念贯穿于国际交流和传播的方方面面。

近年来，随着经济全球化的深入发展，高等教育和汉语教育国际化趋势也越来越凸

---

①　本文为四川省高等学校人文社会科学重点研究基地·四川大学生思想政治教育研究中心课题：当代中美高校留学生核心价值观培养的比较研究（项目编号：CZS18002）阶段性成果。

②　陈钰萍，成都师范学院副教授，主要研究方向为高等教育。赖国毅，成都师范学院副教授，主要研究方向为马克思主义中国化。

显。中国的发展不仅为其他国家提供了广阔的市场，而且也为全世界带来了发展的机遇。这些都极大地吸引了境外学生来中国求学，在中国寻求自身发展的机会。根据联合国教科文组织公布的数据，来华留学生规模从 36 年前的 1200 多人发展到目前的 36 万人；我国已与 41 个国家和地区签署了学历学位互认协定，来华留学生的生源国从 20 世纪 50 年代的东欧三国扩大到今天的 200 多个国家和地区。2010 年，教育部启动《留学中国计划》，争取到 2020 年全国当年外国留学生人员数量达到 50 万，使中国成为亚洲最大的国际学生流动目的地国家。纵观来华留学生，绝大部分都处在 18～40 岁的年龄段，他们在价值取向、新思维和新话语的认知上具有一定的可塑性。同时，他们了解、学习当代中国文化的愿望也非常强烈，这些都为社会主义核心价值观的对外传播提供了前所未有的机遇。

一、社会主义核心价值观传播的理论基础

（一）毛泽东思想、邓小平理论的对外宣传理论

作为中国共产党对外宣传事业的开拓者，毛泽东在长期的探索与实践中对对外宣传工作的地位、原则和任务做出了明确的要求。首先，明确了对外宣传工作的地位。对外宣传与对内宣传是宣传工作的两个部分，有着明确的分工要求，在宣传过程中既有共性，也有个性。毛泽东在抗战时期指出，我们要战胜敌人，首先要依靠手里拿枪的军队。但是仅仅有这种军队是不够的，我们还要有文化的军队，这是团结自己、战胜敌人必不可少的一支军队。中华人民共和国成立后，共产党作为执政党开展对外宣传工作，肩头的担子也不仅仅再停留于斗争中的文化战线，更多的是担负起塑造中国国际形象、让世界客观认识中国的责任。其次，明确了工作原则。对外宣传工作是一项长期的、系统性的工作，毛泽东在对外宣传工作的过程中也总结归纳出了几点工作原则。第一是党性原则。明确各类报纸、刊物应当为宣传党的政策服务。第二是实事求是原则。实事求是就是依据中国的现实情况，不夸张、不造假，向世界展示中国的真实情况。第三是“内外有别”“外外有别”原则。对内宣传和对外宣传不能一概而论，由于宣传对象不同，对外宣传不能直接照搬对内宣传的模式。对外宣传也要依据不同的对象，有针对性地进行宣传。最后，明确对外宣传工作的任务。在不同的历史时期，对外宣传的目标也

会有相应的调整和变化。但是主要的工作任务仍然是塑造良好的国际形象，谋求世界的尊重和了解，发出中国的声音。

1978年12月，中国共产党第十一届三中全会在北京召开，邓小平客观地分析了当前的世界局势，提出和平与发展是当今世界的两大主题，党的工作重点也转移到经济建设上来，我国的对外宣传工作也相应发生了变化。邓小平指出："我们的对外政策还是两条，第一条是反对霸权主义、强权政治，维护世界和平。第二条是建立国际政治新秩序和经济新秩序。"① 在坚持毛泽东提出的党性原则、实事求是原则、"内外有别""外外有别"原则的基础上，将对外宣传工作的重点转变为宣传和平与发展，为中国的政治经济建设营造良好的舆论条件。

（二）习近平新时代中国特色社会主义对外宣传理论

早在2013年，习近平总书记在中央政治局第十二次集体学习时就指出：提高国家文化软实力，要努力传播当代中国价值观念。当代中国价值观念，就是中国特色社会主义价值观念，代表了中国先进文化的前进方向。我国成功走出了一条中国特色社会主义道路，实践证明我们的道路、理论体系、制度是成功的。要加强提炼和阐释，拓展对外传播平台和载体，把当代中国价值观念贯穿于国际交流和传播方方面面。

在推动全球治理体系变革、构建新型国际关系和国际新秩序的共同价值规范的过程中，习近平总书记提出了人类命运共同体思想。党的十九大报告中明确指出：世界正处于大发展大变革大调整时期，和平与发展仍然是时代主题。同时世界面临的不稳定性与不确定性突出，人类面临许多共同挑战。在面对全球增长动力不足、贫富分化严重、恐怖主义问题、网络安全问题、传染性疾病问题等威胁时，没有哪个国家能够独自解决。因而，世界各国需要联起手来，构建人类命运共同体，就是要建设持久和平、普遍安全、共同繁荣、开放包容、清洁美丽的世界。中国特色社会主义进入新时代的人类命运共同体思想由理念到理论，内涵不断丰富深刻；由愿景到倡议，成效明显；由双边到多边，认可范围不断扩展。习近平总书记人类命运共同体思想顺应经济全球化的新变化，关切人类社会发展进步的前途命运，成为变革全球治理体系、构建新型国际关系和国际新秩序的共同价值规范。"构建人类命运共同体"是对外宣传工作的生动实践。中国秉

① 高屹：《邓小平新时期的外交战略思想述论》，人民网。

持“穷则独善其身，达则兼济天下”的价值观念，为解决全球性的问题提供中国思路、中国思维，同时也将中国文化、价值观念传递到世界各地。

二、社会主义核心价值观传播中面临的挑战

（一）高校顶层设计缺位，缺乏分工明确的管理机构

多数高校来华留学生工作分工，从校领导到职能处室，基本由外事战线大包大揽。大到德育教育、思想引领与党团建设及教学，小到学生的日常管理等。这种管理模式与分别由不同职能处室负责的精细分工模式形成了较大反差，导致留学生管理的顶层设计缺位。来华留学生教育因为在意识形态、价值观念、宗教信仰等方面存在极强的敏感性，导致与之相适应的教师、辅导员普遍缺乏。在课程的教授中，教师常常由外语或中文专业主攻跨文化交际的教师担任。受专业方面的影响，这些老师普遍缺少推动社会主义核心价值观走出去的意识，宣传的主动性较弱。此外，作为留学生管理教师的辅导员，由于其游离于思想政治线管理之外，缺乏相应的培训，而且习惯于充当学生生活服务者的角色，因而容易忽视情感的交流与思想的升华，这也大大削弱了社会主义核心价值观的对外传播力度。

（二）教学内容陈旧、忽略价值观教育

据了解，留学生，不论是短期培训的语言生，还是本科生、研究生，其语言的学习和专业课程在教学计划里面都占到了85%左右，其余还有部分中华才艺课以及课外参观学习等。留学生只有在学习“中国概况”这类传统文化课程时，才有机会接触到价值观方面的内容。并且，在讲授过程中，这类课程的主讲教师大多由外语或中文专业主攻跨文化交际的教师担任。一方面，这些老师担心自己讲不好或者讲不清楚，会选择回避这一问题，导致价值观念版块的学习和分享处于空白；另一方面，即便有主讲教师愿意引导留学生关注中国的社会主义核心价值观问题，但他们在讲授过程往往重传统轻现实、重历史轻当代，厚古薄今倾向较为突出，也严重影响了社会主义核心价值观的对外传播。

（三）传播形式单一

目前，来华留学生的日常活动多集中于文化参观类与文体竞赛类，且很多活动停留

在文化体验或文化认知的浅表，对于中国文化尤其是其精髓——社会主义核心价值观的融入相对较少。

三、对留学生进行社会主义核心价值观传播的策略

（一）加强顶层设计，积极回应国家战略需求

来华留学工作是发挥我国大国影响、传播中国文化、树立中国形象、推动世界认同的奠基工程，同时，也是实现国家利益和国家安全的重要手段。作为来华留学工作的主体部门，高校党委应该充分认识来华留学生意识形态工作的重要性，积极回应国家层面的战略需求，加强顶层设计与总体规划，通过体系构建和氛围营造，形成生态土壤和长效机制。将来华留学生社会主义核心价值观教育纳入学校的整体工作，明确学校领导、相关部门以及各环节的分工与责任。强化传播的主体意识，营造全员传播的氛围。师生全员传播是来华留学生社会主义核心价值观对外传播的基础，教师的言行对来华留学生认知与理解社会主义核心价值观发挥着潜移默化的作用和影响。学校要注重提高各级党员干部、专业教师、辅导员的理论素养，建设一支政治坚定、师德高尚、专业过硬的教师队伍，切实增强教师对中国特色社会主义理论、制度、道路的自信，培养他们将社会主义核心价值观传播全方位地贯穿于来华留学生教学、科研、服务与管理等各个环节的意识。注重对党团组织的引导，党团组织要有意识地培养青年学生干部，帮助其提高自身修养，在与来华留学生学习交往的过程中弘扬社会主义核心价值观。同时，还要推动来华留学生教育教材建设，积极鼓励教师及时出版与时俱进的教材读物等。此外，学校要为来华留学生的社会主义核心价值观教育活动提供必要的场地，搭建活动平台，提供经费支持等。

总之，社会主义核心价值观教育融入来华留学生教育是一项整体性、系统性、协同性的工作，高校党委要有高度的历史使命感和责任心，从政策、师资培养、学生骨干培养、经费保障等方面全方位推动中国文化对外传播，推动世界的认同与理解。

（二）重视课堂教育，推动价值观教育进课堂

课堂教育是价值观教育的重要途径之一，重视价值观的课堂教育主要包括以下两个

方面。

重视课堂的内容建设。“中国概况”课程是来华留学生了解中国以及社会主义核心价值观教育的主课堂。“中国概况”教材内容繁多，涉及中华上下五千年的历史。教师在讲授中要有意识地梳理中国的传统文化和传统思想；同时应该有意识地诠释中国人的思想方式和行为方式，让来华留学生更好地认同社会主义核心价值观。针对“中国概况”课程教材普遍缺少对当代中国关注的问题，教师要有意识地在课堂上融入与时俱进、体现社会主义核心价值观的教学内容。例如，介绍中国改革开放四十多年来在政治、经济、外交、科技、教育等方方面面取得的巨大成就；阐释中国社会主义的发展道路、当前领导人的执政理念与治国方略；向留学生展示中国社会发生的翻天覆地变化，人民生活持续不断的改善，中国科技的最新发展等。同时，我们应着力开发面向留学生的“德育课程”。比如，专业课教师可以精心设置其专业导论课，引入中国在相关工程、技术领域的最新发展，融入支撑中国科研人员刻苦奋战的爱国与敬业精神等元素，使来华留学生能更深入地了解当代中国的发展及其精神源泉，在无形中取得“润物细无声”的良好传播效果。

此外，在讲授方法上，我们应该精心设计。既采用以教师为主的教授方式，又鼓励以学生为主导的辩论法、自由讨论法、合作探究法。

（三）加强传播平台建设，挖掘隐性课堂的独特优势

学生社团因其兴趣性、资源性、自主性和非营利性等特征，为潜移默化、润物无声地开展社会主义核心价值观教育提供了一个有效的传播平台。为此，要加强社团建设，鼓励中外学生创建一批国际化的社团组织，积极鼓励已有社团吸纳留学生加入。中外学生在民主、文明、自由、平等的环境中充分发挥主观能动性，通过沟通、交流、协作、碰撞，努力发展成为社会所需的新型人才。比如成立国际文化交流协会，致力于中外学生文化交流，开展“1+1”语言伙伴计划，通过诚信友善的交往，建立稳定的中外友谊；成立留学生志愿组织，深入社区服务，培养留学生回报社会的奉献精神与爱心意识；成立留学生创新创业社团，激发他们的创新、创业意识，使之形成自强自立、积极进取、敢闯敢干、敢为人先的品质。其次，要加强社团的思想引领。高校党委、团委等相关部门以及社团指导教师需要通过社会主义核心价值观中的“爱国、敬业、诚信、友善”等价值准则规范社团学生的基本道德，从个人行为层面积极践行社会主义核心价值

观。因此，我们要有意识地选拔和培养政治素质过硬、社会责任感强、善于实践并致力于社会主义核心价值观传播的中国学生或亲华、友华的来华留学生担任社团负责人或骨干。

（四）丰富传播形式，全方位感知社会主义核心价值观

高校要紧紧围绕社会主义核心价值观传播的主旋律，开展丰富多彩的第二课堂活动，增强来华留学生的情感认同。校园生活是大学生活的重要组成部分，高校应该结合中国的公众节假日开展形式多样的校园活动。例如，开展红色经典音乐欣赏、民族舞蹈鉴赏等文化讲座或系列课程，让留学生在艺术享受中体会中国人民的精神内核；开展“最美留学生”“身边的榜样”评选，让留学生感知身边的正能量，塑造积极向上的心态；开展爱岗敬业的模范教师、校园内各类先进工作典型的宣传，邀请优秀企业管理人员讲座，让留学生感受敬业乐业的精神价值；开展诚信主题讨论活动或诚信主题知识竞赛，让留学生感受诚信教育，提高实践诚信的自觉性。

同时，高校的第二课堂教学更要积极走出校园，充分挖掘社会资源，开展社会实践。“纸上得来终觉浅，绝知此事要躬行”。社会实践在推进来华留学生社会主义核心价值观教育方面具有认知上的转化作用、认同上的强化作用和传播中的承载作用。深入爱国主义教育基地，组织留学生参观当地的中医药博物馆、丝绸文化博物馆、饮食文化博物馆以及各类名人故居，让来华留学生感受中华文化的博大精深，感知中国人民的勤劳智慧；组织留学生深入具有代表性的科技、制造、金融、通信、油田等行业或企业，感受现代中国科技和经济发展水平；深入城市社区、农村等，感受建设新貌、热烈的劳动场面，触摸中国社会改革发展的脉搏。通过社会实践，让来华留学生在谈体会、谈认识、谈感受的过程中切实增强来华留学生对中国历史、文化、教育、经济、科技、社会、生态环境等方面的了解认知，增强过程体验，增强留学生的情感认同，加强留学生与中国人民的交流与互动，推动留学生感知中国、融入中国、热爱中国，增强传播社会主义核心价值观的主动性与积极性，从而成为社会主义核心价值观对外传播的推动者和中坚力量。

参考文献：

[1] 中共中央办公厅. 关于培育和践行社会主义核心价值观的实施意见［M］. 北京：人民出版社，2013.

[2] 蔡惠福，刘大勇. 建设社会主义文化强国须搞好核心价值观的对外传播［J］. 红旗文稿，2012（5）.

[3] 方鸿琴. 社会主义核心价值观对外传播的思考及对策［J］. 文化月刊，2014（12）.

[4] 毛跃. 论社会主义核心价值观的国际话语权［J］. 浙江社会科学，2013（7）.

[5] 王喜国，刘芳. 在坚定文化自信中不断提升价值观自信［J］. 思想理论教育，2016（11）.

[6] 赵丽涛. 全球化背景下社会主义核心价值观的对外传播［J］. 中国特色社会主义研究，2014（3）.

[7] 刘奇葆. 大力推动中华文化走向世界［N］. 光明日报，2014－05－22（3）.

校园文化建设

XIAOYUAN WENHUA JIANSHE

新时代高校红色文化教育的价值与路径探析

曹勇明　陈　薇

摘　要：红色文化具有重要的育人价值。新时代，高校要围绕落实立德树人根本任务，充分挖掘利用红色资源，做好红色规划，打造红色课堂，建设红色校园，构建红色网络，加强红色文化研究，拓展红色文化教育阵地，弘扬优良革命传统，传承红色基因，努力培育优秀的社会主义建设者和接班人。

关键词：新时代　高校　红色文化教育　价值　路径

红色文化是中国共产党人创造的宝贵思想和精神财富。习近平总书记反复强调：要把红色资源利用好、把红色传统发扬好、把红色基因传承好。把理想信念的火种、红色文化传统的基因一代代传下去，让革命事业薪火相传、血脉永续。坚持正确办学方向，落实立德树人根本任务，传承红色基因，弘扬革命传统，培育优秀的社会主义建设者和接班人，是党和人民赋予高校的时代使命。

一、高校红色文化教育的时代价值

以文化人、以文育人，是文化的固有功能。党的十八大以来，以习近平同志为核心的党中央高度重视以文化人、文化育人的作用。习近平总书记在 2014 年 7 月主持中央政治局第十三次集体学习时强调，要努力用中华民族创造的一切精神财富来以文化人、以文育人。2016 年 12 月，他在全国高校思想政治工作会议上的重要讲话中指出，加强高校思想政治工作，必须更加注重以文化人以文育人。2018 年 9 月，他在全国教育大会上再次强调，要坚持以文化人，提高学生人文素养。这为新时代高校更好地秉承文化育人新理念、创新思想政治工作提供了根本遵循，也提出了新的更高要求。

中华文化源远流长、博大精深，为中华民族生生不息、发展壮大提供了丰厚滋养。作为中华文化的重要组成部分，红色文化是中国共产党以马克思主义为指导，在领导中国人民进行革命、建设和改革开放伟大实践中形成的先进文化，它根植于并传承、发扬和升华了中华传统文化，积淀了社会主义先进文化的底蕴，凝结了无数革命先烈对民族复兴的奋斗历史，蕴含丰富的革命精神和厚重的历史文化内涵，是新时代高校思想政治工作宝贵的思想资源，是引导青年大学生健康成长的精神力量，具有非常重要的教育价值和时代意义。

（一）用红色文化坚定高校办学正确政治方向

习近平总书记强调，培养什么人，是教育的首要问题。我们的高校是党领导的高校，不仅是培养社会主义建设者和接班人的摇篮，也是维护国家主流意识形态安全的重要阵地。在培养什么人、怎么培养人、为谁培养人这个根本问题上，必须旗帜鲜明、毫不含糊。红色文化旗帜鲜明、立场坚定。发挥好红色文化对大学生的思想引领作用，能够坚持党对高校的领导，坚持社会主义办学方向，确保党和国家事业发展薪火相传、后继有人。同时，文化自信是更基础、更广泛、更深厚的自信。在复杂多变的国际国内形势下，弘扬中华优秀传统文化，传承革命传统和红色基因，能够坚定学生的中国特色社会主义的道路自信、理论自信、制度自信、文化自信，有利于坚持和巩固马克思主义在高校意识形态领域的指导地位。

（二）用红色文化为大学生立根铸魂

习近平总书记强调：中国革命历史是最好的营养剂。多重温我们党领导人民进行革命的伟大历史，心中就会增添很多正能量。受社会环境、家庭教育方式等因素的影响，今天一些大学生精神状态比较消极，甚至懈怠。“求木之长者，必固其根本；欲流之远者，必浚其泉源。”精神是生命的根本、力量的源泉。红色文化经过革命、建设和改革开放时期的不断发展，充满了凛然正气和昂扬激情，蕴含中国人民的政治理想、爱国情怀、思想观念和道德诉求，体现了艰苦奋斗、坚贞不屈、勇于奉献、敢于牺牲等崇高品质，成为新时代中国所建构的基本价值和道德感召，这既是构造新时代社会价值的重要文化基础，也是社会主义核心价值观教育的重要内容和载体，为大学生社会主义核心价值观的培育与践行提供了文化基础、资源和素材。加强红色文化教育，把红色文化有机融入课程、活动和校园环境，融入学生的日常生活，能够帮助学生砥砺人生品格，培养爱国情怀，提升精神境界。

（三）用红色文化涵育担当民族复兴大任的时代新人

“国势之强由于人，人材之成出于学。”习近平总书记强调，青年兴则国家兴，青年强则国家强，青年一代有理想、有本领、有担当，国家就有前途，民族就有希望。中华民族伟大复兴中国梦的实现，归根到底靠人才、靠青年。青年大学生是国家宝贵的人才资源，是民族的希望、祖国的未来。今天的大学生以“95 后”为主，“00 后”也已经进入大学校园，他们的成长期、奋斗期同“两个一百年”奋斗目标高度重合、同频共振，是实现中华民族伟大复兴中国梦的亲历者、见证者、建设者。但是，青年大学生又正处于人生的“拔节孕穗期”，最需要精心引导和栽培。作为一种先进文化，红色文化蕴含的红色精神及科学的世界观和方法论，既是激励人们开拓进取、矢志不渝的强大精神支柱，也能够科学指导人的实践活动，增强人们认识和改造世界的能力。加强红色文化教育，既可以使学生牢记历史，不忘革命先烈的丰功伟绩，弘扬红色传统，培养他们的爱国主义情怀和民族精神，又能让他们深刻体会到今天的幸福生活来之不易，激励其加强品德修养、增长知识见识、培养奋斗精神、增强综合素质，成为德智体美劳全面发展的新时代人才，不断为实现中华民族伟大复兴中国梦注入新鲜力量，提供强有力的人才保证和智力支撑。

二、高校红色文化教育现状

当前，多数高校还是较为重视红色文化教育，开发红色资源，探索创新红色文化教育途径，推动了大学生思想政治教育工作的开展。但是，大学生红色文化教育仍然存在一些亟待改进的问题。

（一）谋划部署推动落实不够

不同高校对这一工作的重视程度有所不同，有的高校贯彻落实立德树人的根本要求还不到位，对红色文化教育认识还不够深入，没有把红色文化教育列入重要议事日程，存在重智育轻德育，传统文化教育多、红色文化教育少的现象。有的高校工作布置多，推动落实、督促检查少，红色文化教育开展不够深入。有的高校有红色文化教育，但建设上存在重政治价值功能认同、轻文化价值功能认同，重实用效果、轻内涵发展的问题。

（二）红色资源挖掘整合不足

我国各地红色资源丰富，许多高校历史悠久，具有优秀的革命传统，是高校德育工作的独特资源。但是，有的高校一方面对自身拥有的红色资源重视不够，挖掘运用不够，同时向外整合红色资源也不够。有的高校虽然挖掘运用了一些红色资源，但同质化现象较为严重，没有特色或特色不明显。

（三）教育形式化较为突出

有的高校红色文化教育仍以课堂为主，虽然能够引导学生认知红色文化，但要么内容陈旧、更新速度慢，缺少对红色文化的扩展，缺乏时代性；要么讲授形式单一、枯燥乏味，忽视学生的实践体验，缺乏吸引力和感染力。有的高校在进行红色文化传播时对新媒体的运用较少，以听报告、学资料等传统形式为主，虽然政治性、理论性较强，但与学生的实际生活、心理特点相脱离，难以让学生对红色文化产生深刻感悟。有的高校组织学生参观革命纪念场馆、革命遗址、专题展览等，常满足于“到此一游”的形式感，红色文化教育存在“走过场”现象。

（四）学生认同度有待提高

红色文化教育的作用是隐性的。当前，经济发展进入新常态、改革进入攻坚期，各种矛盾相互叠加，社会思想多元多变，加之信息化网络时代，各种信息层出不穷，不同文化在网络上交流交融，进行博弈。如今，大多数学生成长环境优渥，阅历较浅、辨别能力不强、心理不够成熟，对不同的价值观缺乏足够的鉴别能力，容易受到利己主义、拜金主义、享乐主义等消极思想的影响，而对革命历史和传统缺乏深入的了解，对红色文化所蕴含的理想信念及艰苦奋斗、不怕牺牲、自强不息等精神趋于淡漠，对红色文化的精神价值产生怀疑甚至并不认同。同时，有的高校缺乏对红色文化内在思想和精神价值的研究和提炼，加之个性化和多样化的教育引导不够，内容和形式不能很好地贴近学生，难以让学生产生共鸣。

以上这些主要问题影响了高校红色文化教育的成效，其中既有重视不够、推动不力的问题，也有教育内容形式单调、实效性不强等客观原因，更有学生价值观上存在偏差、思想觉悟不够等主观原因，而学生价值观偏差、认同度不高是红色文化教育成效不明显的根本因素。

三、深化拓展新时代高校红色文化教育路径

习近平总书记指出，无数革命先烈留下的优良传统是永远激励我们前进的宝贵财富，任何时候都不能丢。对于红色文化资源，我们既要注重有形遗产的保护，又要注重无形遗产的传承，大力弘扬红色传统。新时代，高校要坚持以习近平新时代中国特色社会主义思想为指导，坚守为党育人、为国育才的初心和使命，围绕立德树人根本任务，在大学生中传承弘扬红色文化，把红色基因深植于学生的血液之中，为学生的成长成才提供正确的思想引领和不竭的精神动力，努力培养德智体美劳全面发展的社会主义建设者和接班人。

（一）强化党委政治责任，做好红色规划

中国特色社会主义事业是面向未来的事业，培养和造就千百万高素质的建设者和接班人，是我国高校义不容辞的神圣使命和政治责任。高校党委要提高政治站位，深刻认识到红色文化建设是办大学的重要内容，红色文化教育是大学生思想政治教育的有机组成部分，是一项战略工程、固本工程、铸魂工程，必须围绕培养什么人、怎样培养人以及为谁培养人这个根本问题，把红色文化教育放在办好中国特色社会主义大学的大局中统筹谋划，与弘扬中国优秀传统文化、社会主义先进文化同部署、同推进、同落实、同考核。要严格落实思想政治工作主体责任，加强对红色文化教育的组织领导，结合高校特色优势，制定实施红色文化传承弘扬的行动方案，深入实施红色文化育人工程，构建完善校、院、系、班多级联动的红色文化教育体系，发挥高校在红色资源挖掘、整合、保护、弘扬等方面的重要作用，并抓好落实、强化督查，确保红色文化育人举措落小落

细落实。

（二）深化课程教学改革，打造红色课堂

思想政治理论课是落实立德树人根本任务的关键课程。加强红色文化教育，首先要充分发挥高校思政课的主阵地作用，按照习近平总书记“政治要强、情怀要深、思维要新、视野要广、自律要严、人格要正”的新要求，加强思政课教师队伍建设，注重与红色文化教育师资培育相长。按照“八个统一”的要求，聚焦思想性、理论性、针对性和亲和力，深化课堂教学改革，创新教学内容，把红色文化有机融入思政课，编写辅导材料，组织学生阅读红色经典，用红色基因铸魂育人。探索实行中班授课、小班研讨式教学，加强互动研讨，激发学生的学习兴趣。“不言之教，无形而心成。”要坚持显性教育与隐性教育相统一，注重红色文化对学生情感和心灵的触动，强化体验式、参与式教学和网络教学，以多种方式大力宣传英雄人物事迹，组织学生自主挖掘红色精神，通过话剧、演讲、歌咏、微视频等红色主题实践活动，让学生直观、形象、生动地接受红色文化的感染和熏陶。同时，结合推进全课程全过程社会主义核心价值观培育，注重把红色资源融入高校各类课程，使各类课程与思政课同向同行，形成红色文化育人的协同效应。

（三）深挖大学红色资源，建设红色校园

我国高校大多历史悠久，积累了丰富的红色资源，蕴含厚重的红色基因，具有光荣的革命传统，为大学生思想政治教育工作提供了优质的思想素材和丰富的实践载体。高校要坚持和巩固马克思主义的指导地位，结合新时代特点，把传承和弘扬红色基因融入爱国主义教育，融入学生党团组织活动，融入学生的日常学习生活，找准与思想政治教育的契合点。深入挖掘红色资源新内涵，把红色元素融入校园文化建设，以红色革命圣地命名校园道路，建设文化长廊、烈士纪念馆、纪念碑亭等校园红色人文景观；挖掘红色校史，打造校史展览馆，在新生中开展专题校史教育，以校友革命先烈之名设立荣誉班级，建设推进红色文化基因在大学生中传承、培养高素质人才的示范基地。组织专业力量开展主题歌曲、舞蹈、话剧、美术作品等艺术创作活动，推出一批原创红色文化精品。建设红色文化社团，推动校园内外的交流与互动。强化红色仪式，结合建党、建军等重要纪念日，开展以弘扬红色精神为核心的主题教育活动，传唱红色歌曲，观看红色影视作品，举办红色文化专题展览、讲坛、红歌会、红色演讲、重温入党誓词等活动，把红色资源用活、用新、用实，增强红色文化教育的感染力，营造良好的校园红色文化氛围，让红色基因在潜移默化中得到传递。

（四）创新“互联网＋”模式，构建红色网络

网络新媒体具有信息丰富、互动性强、传播范围广、感官性强烈、操作便捷等优势。在网络化生存时代，谁掌握了互联网，谁就把握住了时代的主动权。高校要顺势而为，树立互联网思维，重视网络文化育人，着力改革创新，把思想政治工作的传统优势与信息技术高度融合，运用新媒体技术构建开放性、立体化红色文化教育平台，让思想政治工作活起来。针对大学生的特点，在“准”“新”“微”“快”上下功夫，精心设计网络红色基地，开发红色 App，策划推送红色微课程，整合上传可视、可听、可读的红色文化产品，创作以革命文化为内涵的网络作品，建设校友英烈网上纪念馆，设计电子“红色地图”，举办网上“红色文化之旅”主题活动、在线直播等，使红色资源与大众传播深度融合，实现个性化、精准化、定制化的服务，向学生有效传递红色精神。遵循传播规律，以喜闻乐见的形式建立红色网络文化交互平台，积极与学生交流信息，为他们释疑解惑，对错误思想和言论要敢于亮剑，旗帜鲜明地传播正能量，营造良好的红色文化教育网络生态，用红色文化牢牢占领网络新阵地。

（五）发挥学科优势，加强红色文化研究

传承创新人类优秀文化，是高校的重要职能。要充分发挥人文社会科学学科优势和智力优势，整合校内外研究力量，建立红色文化研究专家库，依托高端新型智库和学术研究平台，结合地方实际，打造一批具有区域特色的红色文化研究中心，积极挖掘、整理、研究红色文化资源，阐释红色文化的精髓要义、独特价值和时代意义，探索新时代红色文化教育的有效途径，推动红色精神时代化、通俗化，提升红色文化育人效能。结合中华民族发展史和中国革命、建设、改革的历史进程，把红色文化与中华传统文化、社会主义先进文化和世界文明成果的研究相结合，策划一批红色文化重大理论和实践选题，组织撰写理论文章，编写系列丛书，推出一批学术精品，形成系统的规模化研究成果，保护党的红色历史，延续党的红色文脉，让红色文化展现出永久魅力和时代风采。建立健全红色文化信息共享机制、协同攻关机制、转化应用机制，利用各类重要纪念日

等，组织召开红色文化研究学术研讨会，深化理论研究和学术交流，全方位、多角度、立体化地反映红色文化和革命精神，让红色资源释放出更大的凝聚力和感召力。

（六）推动共建共享，拓展红色文化教育阵地

中华大地红色资源丰富，每个地方都有自己独特的红色资源优势。高校要善于整合周边的红色资源，加强与地方的联系，协同推进红色文化教育，实现资源共享与优势互补，如研发红色文化教育的校本课程或乡土教材，选拔优秀学生组成宣讲小分队，开展红色文化进社区、进农村、进学校、进机关、进企业等主题实践活动，宣讲红色故事，传播红色文化，让大学生做新时代红色文化的讲述者、宣传者和传承者，在实践中实现对红色基因传承弘扬的知行合一。加强与井冈山、延安、遵义等全国著名革命遗址和红色教育基地的合作，建立大学生红色文化教育和社会实践基地，定期组织学生参观革命遗迹遗址、博物馆、展览馆及纪念馆，为烈士陵园扫墓，举办红色夏令营，开展"重上井冈山""重走长征路""青年红色筑梦之旅"等实践体验活动，让学生接受革命文化的熏陶，追寻红色足迹，在行走的红色课堂中体验红色资源的历史积淀、革命象征和精神传承，增进学生对红色文化的文化认同和情感认同，使红色基因内化于心、外化于行，成为一代新人优良品质和健康人格的重要文化标识。

参考文献：

[1] 胡家保．高校红色文化教育应贯穿育人全程［N］．福建日报，2018－09－09．

[2] 李振英．红色教育形式化的成因及破解之路——从英格尔哈特的后物质主义价值观视角看［J］．领导科学论坛，2018（5）．

[3] 戴明新．大学生红色文化教育存在的问题与对策［J］．学校党建与思想教育，2018（15）．

[4] 周金堂．把红色资源红色传统红色基因利用好发扬好传承好［J］．党建研究，2017（5）．

新时代高校学生公寓创建“小宿舍、大美育”育人模式探索

许　军　赵琦宁[①]

摘　要：习近平总书记指出，要全面加强和改进学校美育，坚持以美育人、以文化人，提高学生审美和人文素养。本文立足新时代高校学生公寓建设，探索创建“小宿舍、大美育”育人新模式，开展多渠道、多层面、多维度的美育教育，完善学生公寓美育育人平台，打造思想政治教育美育育人阵地，为构建德智体美劳的全面教育体系做出积极贡献。

关键词：美育　“小宿舍、大美育”　美育阵地　育人功能

党的十九大报告指出，要全面贯彻党的教育方针，落实立德树人根本任务……培养德智体美劳全面发展的社会主义建设者和接班人。目前，高校对于美育教育还缺乏相应的力度和平台，这成为大学生思想政治教育的薄弱环节和短板，因此，必须将美育教育作为推动高校育人教育的重要手段，不断提升大学生的美育水平，打造多渠道、多层面、多维度的大学美育教育，使高校美育教育与德、智、体、劳等教育发展相适应、相契合。

本文立足学生公寓，探索完善学生公寓美育育人功能平台，探索创建“小宿舍、大

① 许军，西南石油大学后勤服务总公司讲师，主要研究方向为美学与思想政治教育。赵琦宁，西南石油大学后勤服务总公司助教，主要研究方向为思想政治教育。

美育”的育人新模式，力图为构建德智体美劳全面培养的教育体系，培养全面发展的社会主义建设者和接班人做出积极贡献。

一、美育内涵

美育，即审美教育或美感教育，是以陶冶人的情操、培养人的审美能力为目的的一种教育方式。《哲学大辞典》中对美育的定义为："美育是关于审美与创造美的教育。它将美学理论实施于日常审美活动和美的创造之中，体现了美学的目的、任务、功能。""其目的和任务是树立正确的审美观点，健康的审美情趣，崇高的审美理想，培养审美、创造美的能力，推动美和艺术的发展，克服人性的异化，充分发展人的本性，使人由生物的人发展为社会的人，并使社会进入高度文明的社会。"① 因此，美育是大学生思想政治教育的重要组成部分，对于培养大学生的民族精神、人文精神、健康审美情趣等具有重要作用，在凝聚人心、完善人格、开发人力方面能发挥独特作用。

二、美育在高校思想政治教育中的作用

《周易》云："观乎天文，以察时变；观乎人文，以化成天下。"这里的"化"有教化之意，而美育教育就是起到教化人、感染人、培养人、塑造人的作用。在中国特色社会主义新时代，改革开放和社会主义现代化建设、促进人的全面发展和社会全面进步对教育和学习提出了新的、更高的要求。高校承担着增强学生中国特色社会主义道路自信、理论自信、制度自信、文化自信的时代重任。基于高校美育教育的需要和当代特点，在新时代，美育在高校思想政治教育工作中承担着培养浓厚的民族精神、包容的人文精神和健康的审美情趣三个方面的重要功能，这三个主要功能的发挥需要依托一定的平台来实现，而在学生宿舍创建"小宿舍、大美育"的育人模式，就是搭建这个平台的一个重要支撑。

① 冯契：《哲学大辞典》，上海辞书出版社，2001年，第988页。

三、探索创建“小宿舍、大美育”育人模式的具体路径

“小宿舍、大美育”就是在宿舍进行美育教育，将宿舍作为美育教育的载体，打造大学生思想政治教育的第二课堂——学生公寓这一重要平台。所谓的“大美育”概念，就是在高校大学生思想政治教育的大方向下，在学生公寓里实现美育的育人功能，从而促进大学生思想政治教育中的美育教育，实现以美育人、以文化人，从而提高学生的审美情趣和人文素养。

（一）借鉴书院制模式，注重公寓形式建设

书院制是目前部分高校借鉴国外高校的住宿制学院、中国古代书院的管理理念和体制机制而实行的一种学生公寓管理模式。如复旦大学、绍兴文理学院等学校，均进行了书院制管理的探索和实践，并把书院制育人模式改革作为思想政治教育的有效补充。其目的就是在与传统专业学院并存的前提下，实行以书院形式的学生活动社区为依托，践行学生自我管理的学生管理制度，通过优化服务，开展素质教育，促进学生全面发展。

以绍兴文理学院为例，其书院制的特点主要是：更加突出“育人”功能，实现育人平台由第一课堂向第二、第三课堂延伸；更加突出“服务”功能，实现服务工作由“方便管理者”向“方便学生”转变；更加突出“维权”功能，在运行机制上充分保障学生可以自主选择。当然，每个高校可以参照书院制的模式，打造属于自己的书院制管理模式。比如，石油高校可以实行与石油相关的书院制形式，如设立大庆书院、王进喜书院等。

（二）营造美育大环境，注重美育内涵建设

荀子云：“蓬生麻中，不扶而直；白沙在涅，与之俱黑。”在学生公寓打造具有美育特色的大环境，对于大学生思想政治教育至关重要。

一要从公寓外观上注重美育色彩建设。通过门厅院落打造、植被鲜花种植、楼道文化墙建设、寝室对联和室内布局等营造一种积极健康、特色鲜明的公寓外观，使同学们进入公寓即可感受到文化的熏陶。

二要从公寓管理人员上注重美育建设。要想教育好人，首先要坚持教育者先受教

育，要努力使教育者管理者服务者成为先进思想文化的传播者、美育文化的践行者。如通过提升管理人员的素质，使之在微笑行动、着装打扮、言语文明等方面符合美学标准，让同学们在美的教育中体悟美、崇尚美、践行美。

三要积极落实美育内涵教育，打造形式多样的美育教育活动。美育内涵教育主要包括审美领域教育和审美范畴教育，这需要在公寓内部建设和开展与本公寓相关的美育文化鉴赏，交流和借鉴其他公寓形式。如绍兴文理学院的阳明书院积极践行王阳明思想精髓“知行合一”的院训，大力倡导形式美和内容美的统一，力图真正构建阳明书院的美育环境。

（三）倡导联动机制，学生工作部主导，注重制度建设

要做好高校思想政治工作，打造美育育人阵地，完善美育育人功能，就要在体制上进行改革和创新。

打通后勤管理和学工管理的“任督二脉”，完善学生宿舍管理体制。这就要求畅通学生公寓管理部门和学工部及各学院之间的联系通道，确保学生公寓管理部门的相关工作能够有效推进。如各部门联动起来开展寝室卫生打分、文明寝室评比、学生公寓违规电器查处、晚归查处等相关活动，这将会使管理工作更加高效。

推行“辅导员+管理员”双员合一模式，推动思想文化建设入公寓。后勤管理部门和学工部门联合参与开展管理工作，学生公寓的管理员既是辅导员，也是楼栋管理员，两者合而为一。辅导员岗位前移，办公室设置在学生公寓。这种体制的优点在于既可以真正实行辅导员入住学生公寓，解决突发问题，又可以实现辅导员对学生的日常思想教育管理，帮助同学们解决日常生活、学习等方面的问题。

这种模式需要从学校层面出发，对公寓管理和辅导员队伍进行整合，一岗双责配置，使管理部门将工作岗位前移，或是形成流动岗位。可以尝试形成学院、学管（学生公寓管理中心）、学工的三位一体管理模式，从而积极推进双员一体模式，促进高校思想政治工作的有效开展。

推行美育必修学分制，将文化建设和专业课有机结合。将美育相关的课程纳入必修范围，修满学分方可毕业。通过教务处进行学分制度改革，首先在课程设置上重视美育教育，将此作为高校文化建设的重要内容，从而推动美育育人取得良好效果。

（四）打造公寓品牌，注重公寓“家文化”建设

所谓打造公寓品牌，就是结合各个高校的特色，打造适合高校发展的公寓品牌，促进学生的健康成长成才。公寓建设要体现高校学生公寓管理的特征和特色。如上海体育学院的“六 T" 建设，就是该校结合学生公寓管理实际打造公寓品牌的例子，这也属于公寓“家文化”建设的组成部分。

高校可以结合学校的历史文化特色打造自己的公寓品牌，如打造“仁义礼智信”的文化品牌，或根据学校的文化特色或专业特色进行打造，也可以结合学校的双一流建设进行打造，等等。但无论是创建哪一种公寓品牌，都应结合美育育人功能，注重“家文化”建设，积极将公寓美育功能纳入其中。

四、总结

习近平总书记在全国高校思想政治工作会议上指出，我国高等教育肩负着培养德智体美劳全面发展的社会主义事业建设者和接班人的重大任务，必须坚持正确政治方向。办好我国高校，办出世界一流大学，必须牢牢抓住全面提高人才培养能力这个核心点，并以此来带动高校其他工作。我们迫切地希望高校能在美育教育上积极而为，从而促进大学生全面发展。

新时代要有新作为，高校要积极推进高校学生公寓“小宿舍、大美育”的创建，打造美育育人阵地，完善公寓育人功能，创建“小宿舍、大美育”的高校育人新模式、新局面。学校既要有超前意识，更要有担当精神。这需要在思想上认同美育的教育理念和价值，舍得投入，敢于改革，心中牢记“管理育人、服务育人、优美环境育人”“一切为了学生，为了一切学生”的宗旨，坚持把思想政治教育纳入日常服务育人之中。

基于社会小生境的大学生寝室场域文化的构建路径

屈寒梅①

摘　要：寝室是大学生学习、交流、休闲的多功能空间。当代大学生近一半的时间都是在寝室中度过的。因此，构建有学习效率的、团结友爱的寝室文化具有重要意义。本文旨在探讨以社会小生境理论为依据，以寝室为单位，以学生为主体，以学生心理为中心，以寝室物质自然环境、文化制度环境、社会网络保护环境为构件，通过各种能量交互影响、共同作用，构建具有正能量的场域文化，以促进高校学生寝室文化建设，全面提高大学生培养质量。

关键词：社会小生境　寝室场域　文化

寝室是大学生的重要生活场所，寝室形成的学习、生活氛围等对寝室成员养成良好的学习、行为习惯会产生巨大的作用。因此，提升大学生寝室管理水平，构建具有正能量的寝室场域文化具有重要意义。本文旨在探讨如何将社会小生境理论与大学生寝室场域文化构建相结合，寻找高效、有益的方式提高大学生的思想及心理水平，积极为全面提高人才培养质量添砖加瓦。

①　屈寒梅，西南石油大学教师干部。

一、大学生寝室建设的必要性

随着高校教学改革的不断深入及现代科技的迅猛发展，寝室已经成为大学生学习、交流、娱乐、放松、休息的重要生活空间。寝室的生活空间质量也成为影响大学生思想意识、价值观念、心理健康和成长发展的重要因素。

众所周知，现代大学生的心理状态尚不成熟，其中最典型的表现就是易被外界事物干扰。据调查，一个寝室有六名学生，假设其中有三名学生没有良好的生活、学习习惯，另外三名学生拥有较好的生活、学习习惯，相处几年下来，最后大多会演变为整个寝室都没有良好的生活、学习习惯。因为人生来就有惰性，一旦给予其一个“偷懒”的理由，这种惰性就很容易被激发，这种现象在当代大学生中较为普遍。

打造良好的寝室文化是高校提高人才培养质量的重要工作环节。良好的生活、学习氛围更容易促使大学生养成良好的生活、学习习惯，从而为全面提高人才培养质量奠定基础。

因此，我们将社会小生境理论与寝室场域文化建设相结合，以寝室物理环境、社会文化环境、社会网络（人际互动）环境为着力点，着力构建有学院特色的、具有“正向能量”的寝室场域文化。

二、社会小生境下的大学生寝室场域文化构建的理论前提

（一）大学生寝室场域文化的界定

著名社会心理学家勒温认为，人就是一个场，人的心理现象具有空间属性，人的心理活动也是在一种心理场或生活空间中发生的。也就是说，人的行为是由场决定的。心理场是由多种能量要素相互作用所构成的环境空间，其主要构件为与人们心理行为相关的物理硬件环境、社会文化环境及人际互动环境。积极的心理场能够诱发良性的人际互动，消极的心理场会引发负面的人际活动。

按照勒温的理论，每个学生就是一个场，寝室中的六名学生分别有自己的场。而学生的行为也是由场决定的，场的主要构建与其所处的硬件环境、人际互动环境，也就是我们所在的寝室是息息相关的。在寝室这个场域中，只有充满正向的诱发性，才能形成

良好的人际互动，构建积极的寝室场域文化。

（二）社会小生境理论

“小生境”一词由1894年Steere研究鸟类种群的分居现象时首次提出。经过100多年的探索，已经形成了相对完善的理论体系。在生态学上，格林奈尔将恰好被一个物种或一个亚种所占据的最后分布单元命名为小生境。社会小生境是指以自然环境为基础，以场域和社会关系网络相互联系和协调匹配为主要内容，以文化环境为最高统领的为个体提供生存与发展的保护空间统一体。

本文将研究的视角从生态学上的“小生境”转向人类现实生活的“社会小生境”。并以此指导高校寝室场域文化建设，提升当代大学生的主动意识，指导他们参与寝室场域文化创建的活动，从而增强大家的获得感、幸福感和归属感。

社会小生境理论与寝室场域文化不谋而合，使得自然环境、文化环境、场域、人际互动关系相互嵌入。大学生所处的寝室场域环境具有复杂性、竞争性、互利性等特征，在这个场域中，只有以利他的文化为主导，才能不断优化所处环境，从而改善、提高整个寝室小环境。

（三）社会小生境下的大学生寝室场域文化的形成机制

环境会影响人的行为，对处于某种环境里的人来说，他的世界永远是他所能知觉到的，被他所知觉到的氛围就是影响他行为的心理场，也即我们所说的气氛。如果把这个气氛与学习联系起来，就叫作学风。寝室场域是一种看不见、摸不着的，但它能被切实地感受到，这种感受的好坏可以影响一个人的行为习惯。

所谓社会小生境下的大学生寝室场域文化建设，就是运用具体的方法、手段、措施营造一个具有正能量的生活空间，营造一种积极向上的学风，让身处其中的学生在潜移默化中被感染、被引领。

个体的气质、性格等无法在短时间内改变，而环境却可以通过一系列的制度、措施进行改变，因此，笔者所在的西南石油大学化学化工学院把构建寝室场域文化的目标着重放在构建环境空间上。即以建设优美宜人的物理、物质硬件环境，制定积极向上的文化机制，营造温馨和谐的人际互动环境为出发点，通过具体的方法、措施，在寝室成员心中形成一个“正能量场”。社会小生境下的大学生寝室场域文化形成机制如图1所示。

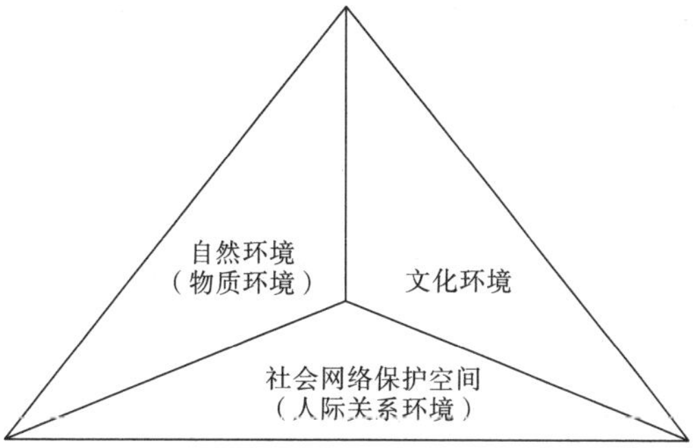

图 1　社会小生境下的大学生寝室场域文化形成机制

三、社会小生境下的大学生寝室场域文化构建途径

从研究点出发，我院把社会小生境下的寝室场域文化建设依照社会小生境的主要内容分为三大块。第一，创建优美宜人的物理硬件环境。第二，推进协同育人的场域文化机制建设。第三，营造温馨和谐的人际互动环境。社会小生境下的大学生寝室场域文化构建途径如图 2 所示。

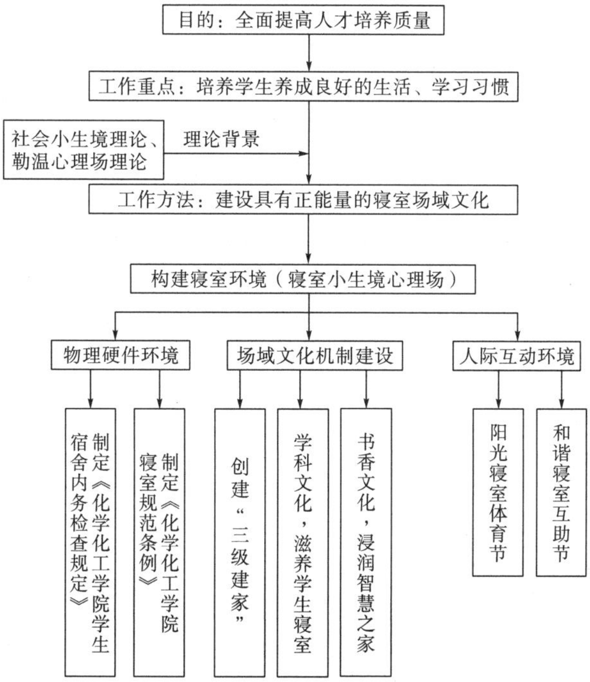

图 2　社会小生境下的大学生寝室场域文化构建途径

（一）建设优美宜人的物理硬件环境

我院结合学生自身的行为习惯，制定与之对应的“寝室规范条例”。该条例以一个寝室为实施载体，分为三大方面：思想道德方面，要求该寝室所有成员一学期内不得受到院、校级任何处分与通报批评。寝室安全方面，要求各寝室严格遵守《西南石油大学学生手册》，不得私拉电线，不得使用烧水棒、电磁炉等大功率电器。寝室卫生方面，学院规定了不同宿舍楼的寝室卫生得分标准，如 21 栋男生寝室统一要求寝室卫生得分在 88 分以上，若未达到标准，将给予适当、及时的批评教育。

我院将严格按照《化学化工学院学生宿舍内务检查规定》进行日常检查与督促，对违反条例的寝室进行及时教育，并按相应标准扣除“寝室操行分”，该分值将在期末进行统一评定，对未达到要求的寝室，在综合测评时予以适当扣分，对完成情况较好的寝室进行酌情加分。

（二）推进协同育人的场域文化机制建设

1. 全院动员，创建“三级建家”

为营造一个积极向上的、有文化内涵的、能让同学们互相促进的、为成员所认同和遵守的文化观念与精神氛围，我院开展了“寝室三级建家”活动。“三级建家”以寝室为单位，由学生结合寝室成员的自身情况进行寝室评定等级申报，分为“合格之家”“优秀之家”“模范之家”三级，评定范围分为“内务方面”“行为礼仪”“人际交往”“学习成绩”“文体活动”“思想方面”六个方面。具体评分标准如表 1 所示。

表 1　化学化工学院“三级建家”创建标准

创建标准	内务方面	行为礼仪	人际交往	学习方面	文体活动	思想方面
合格之家	一学期内务成绩平均分与同宿舍楼的最高平均分差值不超过 2，同时单次分数与当日最高分差值大于 5 分的次数不得超过 3 次；且在学院定期检查时达到 80 分及以上	自觉遵守法律法规和学校的有关规章制度，宿舍成员无违规违纪行为及任何纪律处分。师长进出时能主动起立、让座、道别	团结友爱，无打架斗殴现象	勤奋刻苦，学习态度端正，具有良好的学习习惯，如课前预习、上课认真听讲、积极回答问题、课后认真完成作业并复习等	积极参加班级活动	寝室成员思想均积极上进，坚决拥护中国共产党的领导

续表1

创建标准	内务方面	行为礼仪	人际交往	学习方面	文体活动	思想方面
优秀之家	一学期内务成绩平均分与同宿舍楼的最高平均分差值不超过1.5，同时单次分数与当日最高分差值大于5分的次数不得超过3次；且在学院定期检查时达到85分及以上	同上	宿舍成员之间关系和谐，相处融洽，能与左邻右舍、楼上楼下和谐相处。宿舍成员能很好地与师长、班级同学沟通和交流	同宿舍成员学分绩点均在同专业年级排名前2/3，大二、大三同一宿舍至少1人通过大学英语四级或六级考试	能积极参加班、院、校组织的各项活动并取得优异成绩	同上
模范之家	一学期内务成绩平均分与同宿舍楼的最高平均分差值不超过1，同时单次分数与当日最高分差值大于5分的次数不得超过1次；且在学院定期检查时达到90分及以上	同上	同上	同宿舍成员学分绩点均在同专业年级排名前1/3，且大二同一宿舍至少4人通过大学英语四级考试、2人通过英语六级考试。大三同一宿舍6人通过大学英语四级考试，3人通过英语六级考试	同上	寝室成员思想均积极上进，一寝室至少有一人担任学生干部

该活动不仅包含寝室卫生建设，更对寝室成员的衣着打扮、语言素养、文化内涵、生活习惯、娱乐休闲等各方面做出了比较细致的要求，在寝室的创建过程中，需要寝室所有成员共同努力，学生的精神内涵、文化修养、生活习惯等都有了极大的提高。

2. 学科文化，滋养学生寝室

为进一步提高寝室文化生活质量，推动化学化工学院的精神文明建设，将专业文化与日常生活相结合，我院开展了“学科文化进寝室”活动。根据每个专业的特色来开展活动，如“化工知识传递寝室”“应化进生活寝室”“环境友好寝室”“安全文明寝室”“化学魅力寝室”等。

每学期开展此活动，一学期内不定期抽查各寝室的活动情况并进行打分，期末结合各寝室成员的学习成绩、内务整理、思想素质等综合情况评选出“模范之家”“优秀之家”“合格之家”并给予适当的奖励，对不合格寝室予以一定的惩罚。

我院开展学科文化进寝室活动，不仅将学科文化与实际生活相结合，同时还有利于让化工学子更加了解、喜爱自己的专业。寝室里形成浓厚的学科文化氛围，有利于进一步督促学生在学业上取得进步。

3. 书香文化，浸润智慧之家

宋朝诗人黄山谷有一句名言：“三日不读书，便觉语言无味，面目可憎。”浓厚的阅读氛围可以增强学生的文化底蕴，营造良好的寝室学习风气。学院以化工书香为主线，以“读经典书、立君子品、做智慧人”为育人目标，以寝室为单位建立“好书角”“留言墙”，以班级为单位开展“书香化工之好书大家读”“书香化工之好书漂流行”等活动，展现丰富的寝室文化生活。

每个寝室的好书角、留言墙都是化工学子阅读世界的缩影，持续的阅读会滋养每一个学生，让每一个喜爱阅读的学生与最美的自己相遇，与最美的未来相遇。书香文化具有无形的教育力量，会起到“随风潜入夜，润物细无声”的作用。书香寝室的创建无形中为书香班级、书香校园的建设奠定了基础。

（三）营造温馨和谐的人际互动环境

1. 阳光寝室体育节

为培养学生形成阳光心态，引导学生德育发展，构建和谐寝室关系，形成良好寝室氛围，我院以各寝室为主体开展“阳光寝室体育节”。该活动要求不同寝室之间进行体育项目比赛，如篮球赛、乒乓球赛、斯诺克赛、羽毛球赛、网球赛、足球赛等，旨在促进不同寝室之间的交流，带动寝室中性格内向、不善与人交际、爱玩游戏的学生走出寝室，打开心扉，与他人进行交流，提升人际交往能力，让学生们的大学生活更加丰富多彩。

2. 和谐寝室互助节

为开拓我院人际交往互助的新局面，学院开展了“寝室互助节”活动。活动分为三个部分：寝室互扫。自由选择互相打扫寝室卫生，并进行装扮。寝室互学。每个寝室都有属于自己的文化特点，三人行，必有我师焉，择其善者而从之，其不善者而改之。寝室互助。在大学生活中，同学们总会遇见各种各样的困难，一个人不一定有足够的能力去解决，但是如果有更多的人集思广益，想必能帮助有困难的同学解决问题。寝室互助节的开展，能增强同学之间的互动和寝室间的学习交流，也有利于在学院范围内构建一种积极向上、充满关爱的具有正能量的场域文化。

四、总结

综上所述，我院以“全面提高人才培养质量”为总体目标，以“培养学生养成良好的生活学习习惯”为工作重点，以“社会小生境”为理论指导，以“建设具有正能量的寝室场域文化”为解决方法，通过制定各种制度、措施来建设优美宜人的物理硬件环境，推进协同育人的场域文化机制建设，营造温馨和谐的人际互动环境。我院一直在建设具有正能量的寝室场域文化的道路上努力着，并取得了一定成效。

社会小生境下的寝室场域文化是一种高层次的精神需求，它的普及性和超功利性体现了素质教育的高层次需求。因此，它的建设不是一蹴而就的，需要多年的实践和研究。学院在建设的过程中不断调整措施，将寝室场域文化往符合大学生特质的方向引导，形成了以寝室场域文化为依托，与素质教育相结合的“场域文化构建式”文明寝室建设模式，对促进大学生全面发展、提高自身素质具有重要意义。一方面，能帮助大学生有效地增强自我约束力和自我管理能力；另一方面，也能帮助学校全面深化改革，提高人才培养质量，在未来激烈的社会竞争中输送适应社会市场、具有较大发展潜力和后劲的新型大学生。

参考文献：

[1] 任义科. 社会小生境的概念、特征及其结构演化 [J]. 广东社会科学，2015 (3).

[2] 高婷婷，赵武刚，朱先前. 寝室文化在提升大学生主观幸福感中的作用研究 [J]. 黑龙江高教研究，2016 (4).

[3] 张丽君. 当代大学生寝室人际关系现状及对策研究 [J]. 吉林教育学院学报（下旬），2015 (10).

[4] 韩宝平，闻海洋. 高校学生公寓文化建设探析 [J]. 高校后勤研究，2014 (6).

[5] 杨汉. “友善”视阈下的大学生寝室文化建设探究 [J]. 重庆城市管理职业学院学报，2014 (4).

[6] 包庆德，夏承伯．生态位：概念内涵的完善与外延辐射的拓展——纪念“生态位”提出100周年［J］．自然辩证法研究，2010（11）．
[7] 沈雪妹，谢钢．勒温的心理场理论对高校辅导员工作的启示［J］．南京晓庄学院学报，2007（5）．

理论与实践

LILUN YU SHIJIAN

论教育治理的社会红利

张晓明[①]

摘　要：教育、人才与社会既内在贯通，又相互衔接，三者之间是相互支撑、相互促进的关系，这种内在逻辑的把握不是一成不变、一劳永逸的，需要不断地结合实际、与时俱进，在实践中不断进行创造性的运用。实践出真知，但真知不是可以任意套用的万能公式，而是需要进一步结合实际，只有这样，才能真正发挥真知的作用。

关键词：时代教育　时代新人　社会和谐　衔接转化

一、教育红利的社会效应

具有社会性的教育不是说教育可以直接引起社会变化与进步，也不是所有的教育都可以达到推动社会进步的效果，没有纯粹的客观教育，只有与主观相结合的教育；没有普适的教育，只有与具体实际相结合的教育。同样，没有纯粹的客观社会，只有与主体性相结合的社会；没有普适的社会，只有与具体情况相结合的社会。因此，用教育塑造

① 张晓明，西华师范大学马克思主义学院教授，主要研究方向为中国化马克思主义话语权。

社会，就存在用什么样的教育塑造什么样的社会，以及把一般教育和一般社会问题化的问题；同时，用教育塑造社会，不是用具体教育直接塑造具体社会，而是具体教育通过具体人去塑造具体社会。我们需要的教育、人和社会不是一般的教育、人和社会，而是能解决中国问题、适合中国情况的教育、人和社会。这个能解决中国问题和适合中国情况的教育就是平衡协调可持续的教育；这个能解决中国问题、适合中国情况的人就是全面协调可持续发展之人；这个能解决中国问题、适合中国情况的社会，就是平衡协调可持续的社会。我们这里所说的平衡协调可持续发展的教育、人和社会，不是外在于世界的教育、人和社会，而是面向世界的教育、人和社会；我们这里说的教育、人和社会，也不是逆历史潮流而动的教育、人和社会，而是符合发展大势、面向未来的教育、人和社会；我们这里所说的教育、人和社会，不是隔断历史的教育、人和社会，而是具有继承历史基础的教育、人和社会。因此，我们所塑造的人与教育是具有历史性、实践性、发展性、时代性、民族性的教育、人和社会。只有这样的教育、人和社会衔接贯通，才能造就和而不同的教育、人和社会，从而出现各美其美、美人之美、美美与共、天下大同的局面。

二、通过教育治理使教育红利向现实红利进行有机转化

教育作为一种红利，是一种可能，要把教育红利的可能性转化为红利教育的现实性，需要我们对于教育的内在要素进行重新定义，也就是要实现教育要素的优化组合与优势治理，这个优势治理，就是要找出内在要素之间的联系与界限，从而在理清定位与超越定位的基础上，实现内在要素之间的分类与分层，从而在整体视域下实现要素之间的有机衔接与优化组合，进而实现教育红利向红利教育的转化，也就是说，教育红利转化为红利教育，不是天然的、自然的、现成的，而是需要我们走进教育，深度思考教育的内在规律，只有这样，才能让可能变为现实。

新时代的红利教育不是非此即彼的知识传授、能力培养、素养提升与人格塑造，而是四者的相互联系与并举贯通，也就是不仅要实现知识、能力、素养、人格的齐头并进，更要实现四者之间的衔接转化，即化知识为能力、化能力为素养、化素养为人格。转化为能力的知识是框架性知识、交叉性知识及平台性知识，是能带走的知识、是可以

迁移的知识，是能产生力量的知识，是带来知识的知识，是实践出真知的知识，是能提前识变、积极应变、主动求变的知识。转化为素养的能力，是写作表达能力、沟通合作能力、动员组织能力、继承创新能力，是货真价实的能力，是内生定力、外联共生的能力，是能带来能力的能力，是提前识变、积极应变、主动求变的能力。转化为人格的素养，是在千头万绪中找出主线、在千言万语中寻求共识、在当前需要中把握未来，抓重点、抓方向、抓最大公约数的战略素养，是具有道德底线、法律底线和科学底线的专业素养，是具有批判品质、研究态度、实事求是精神的专业素养，是没有最好、只有更好、做到极致的卓越素养，是能传递真善美精神、给人希望、给人上进的教育素养，是以史为鉴、知古鉴今，善于运用历史眼光认识发展规律、把握前进方向、指导现实工作的历史素养，是通过概念动态全面、联系地把握事物本质的辩证素养，是重新组合、优化重组、综合整合的创新素养，是视野更广的国际素养，这些素养是安身立命的核心竞争力。最后落脚的人格，是经过知识内化、能力外化、素养提升的人格，是人的品质、人的底线、人的底色、人的格局、人的胸怀、人的视野、人的风貌、人的气质、人的格局的集合体，是有气象的、成熟的、大气的人格。

新时代红利教育不是彼此割裂的通识课程、专业课程、思政课程、创新创业课程、教师教育课程，而是五者的深度融合；也就是不仅要单独划分通识课程模块、专业课程模块、思政课程模块、双创课程模块、教师教育课程模块，而且要实现课程模块彼此之间的融合，也就是我们不仅要有通识课程，而且还要有课程通识意识，课程通识不是把非通识课程变成通识课程，而是要将通识要素贯穿于所有课程，让每一类、每一门课程都有全人教育的内涵；也就是我们不仅要有思政课程，而且还要有课程思政理念，课程思政不是把所有课程都变成思政课程，而是让思政元素贯穿所有课程，让每一类、每一门课都有立德树人的内涵；也就是说我们不仅要有专业课程，而且要有课程专业意识，课程专业意识不局限于专业课程，而是赋予每一类、每一门课程以专业内涵；也就是说，我们不仅要有创新创业课程，而且要有课程创新创业意识，课程创新创业不是要把所有课程都变为创新创业课程，而是要把创新创业元素贯穿于每一类、每一门课程，让每一类、每一门课程都有创新创业内涵。

新时代红利教育不是互不相干的，而是教师讲授的第一课堂、校内实践的第二课堂、社会实践的第三课堂、海外研修的第四课堂四者的无缝对接。教师讲授的第一课堂不是满堂灌，没有学生参与和师生互动，而是以学为中心、以专题式教学为主、具有现代技术含量、师生互动、彼此成就的；校内实践的第二课堂，不只停留于新闻里，而是真正着眼于学生能力的提升，旨在提高学生的组织能力和处理复杂问题的能力，增强学生的创新意识与团队合作精神；社会实践的第三课堂，不是要迎合社会实践，而是要体现学校办学要求、学生专业追求与社会的真正需求；海外研修的第四课堂，不是单向的国际交流，而是主张引进来与走出去相结合，旨在提高全球胜任力，开阔视野、提高站位。这四个课堂都有自己的边界和内涵，同时，四者又相互嵌入，密不可分。

以上几个层面内在交融互动，你中有我、我中有你，从不同角度阐释了新时代红利教育的内在要求与自我主张，是面向时代、面向未来、面向现代化、释放教育红利的教育治理内涵。

红利教育具有一定的社会教育功能，有利于塑造适应、适合时代需要的时代新人，使之成为有格局、会布局、善破局、掌握全局、从而成就大事业的人。这里的格局，就是掌握人类社会发展规律、社会主义建设规律和共产党执政规律。

不管是人类社会发展规律、社会主义建设规律，还是共产党执政规律，说到底都是实事求是实现人的自由而全面发展。在实现中华民族伟大复兴的大背景下，要实事求是，坚持以人为本，促进人的自由全面发展。只有这样，才能实现社会的和谐平衡及可持续发展。

教育的本质是因材施教，教育的主旨是追求真善美，教育是人学，使人通过自我学习、彼此学习、向未来学习、向实践学习、向历史学习，通过学习走向未来、从昨天走向今天。我们要以学习型教育造就终身学习之人，以终身学习之人造就学习型社会。

关于高职院校学生班级管理的思考

刘俊丰　范豫鲁　唐　鑫　谢利军①

摘　要：班级是培养人才的基本单元。班级管理是辅导员工作的重要部分，班级管理的好坏直接关系到高职院校的人才培养质量，关系到学生的成长成才。本文针对当前高职院校学生班级管理存在的部分问题，思考总结具体的管理办法，为高职院校学生班级的有效管理提供参考。

关键词：班级管理　辅导员工作　管理方法　存在问题

高职院校学生班级是培养合格可靠社会主义接班人的重要阵地，是思想政治教育、专业素质教育和职业技能训练的基本单元。学生班级管理是辅导员工作的重要部分，是学生学好专业课程、掌握职业技能的重要保障。班级管理的质量好坏直接关系到高职院校教育目标能否实现。随着学生人数的不断增长，不同文化背景，不同家庭条件，不同人生观、价值观、世界观的学生聚集在同一个班级，给学生班级管理带来了挑战，也对学生班级管理提出了更高的要求。

---

① 刘俊丰，成都航空职业技术学院专职辅导员、助教，主要研究方向为学生思政教育及日常管理。范豫鲁，成都航空职业技术学院专职辅导员、助教，主要研究方向为学生思政教育及日常管理。唐鑫，成都航空职业技术学院专职辅导员、助教，主要研究方向为学生思想政治教育及日常管理。谢利军，成都航空职业技术学院专职辅导员、助教，主要研究方向为学生思想政治教育及日常管理。

一、高职院校班级管理的意义

班级管理工作是高职院校贯彻党的教育方针、完成具体教育任务和实现特定教育目标的重要保证，是提高教育教学效率的重要保证，是学生“德智体美劳”全面发展的重要保证。

高职院校的教育教学活动，是以班级为基本单元进行的，优秀的班级管理能为学生的健康发展、茁壮成长提供良好的条件和氛围。班级管理的好坏一定程度上可以反映辅导员的综合素质和工作能力。管理好一个班级需要思政引领、管理协调、沟通表达、心理辅导和紧急事件处理等多方面的能力，在班级管理的过程中，辅导员各方面的综合能力必将得到提高。

二、高职院校学生班级管理存在的问题

（一）班级管理制度不够完善

没有规矩，不成方圆，完善的班级管理制度是高职院校学生班级管理的根基所在。部分班级辅导员采用人管人的班级管理办法，简单地通过学生干部来管理学生，或者通过说教的方式来教育学生遵守学校规定，缺少班级管理的明确目标，也没有为实现该目标而制定相应的班级管理规定。学生自我教育、自我管理、自我服务、自我监督的积极性不高，班级管理停留在口号层面。

（二）学生干部管理能力有待提高

学生干部是班级管理的核心力量，是辅导员的左膀右臂。优秀的学生干部班子能高效地执行各个层面的通知事项，高质量地完成各项任务，不断提高自己的思想素质和综合能力，让老师放心，让同学省心。但是当前，大部分高职院校在班级管理方面偏重事务性工作，而轻视了学生干部的思想素质和综合能力培养，导致学生干部在班级管理过程中的模范带头作用发挥有限。

（三）班级学风建设有待增强

加强班级学风建设关系到班级学生的学习热情、对本专业的热爱程度及今后的职业

取向。当前，高职院校学生由于受社会环境的影响，无法将心思用在学习上，心态较为浮躁，导致学习风气欠佳。部分班级学生没有明确的学习目标、正确的学习动机和具体的学习计划，学习积极性不高，学习动力不足，学习习惯不好，甚至影响到正常的毕业与就业。

（四）班级良好形象的塑造较为欠缺

班级形象的好坏对学校、学院和学生本人的发展有着重大的影响。良好的班级形象可以吸引优秀的教学资源，增强班级凝聚力，提升学生的集体荣誉感。高职院校中部分班级忽视班级形象建设，班级凝聚力不强，学生在校园内随性而为，在课堂随意而动，集体活动参与度不高，从而导致班级形象不佳，学生缺少自信，进而影响班级的创先争优。

三、高职院校学生班级管理方法

（一）健全班级管理制度体系

要有效实施班级管理，需要班级管理制度先行。制度建设能帮助学生快速适应大学生活，融入班集体，提升自我管理能力。

首先，利用主题班会的时间，让全体学生参与讨论班级管理规定，商定班级管理目标，形成适合自己班级的管理制度。其次，严格按照班级管理制度进行班级管理，不得对任何学生进行特殊关照。最后，针对违反班级管理规定的学生进行谈心谈话，了解实际情况，具体问题具体分析。对于屡次违反并不思悔改的学生，要给予相应的处分。

（二）突出培养学生干部的管理能力

从班级里选择优秀的学生组成班级管理团队，重点培养班级骨干，打造“能打胜仗”、能起到模范带头作用的班级领导班子。例如，班委内重点培养班长、学习委员、文体委员、生活委员的服务意识、管理水平、组织协调能力和沟通表达能力；团支部内重点培养团支书、宣传委员、组织委员的团建意识、舆论引导能力，使其较好地发挥战斗堡垒作用。班干部中，班长是队伍的核心领导，班长的综合能力直接关系到班级管理的质量。选择班长时，要注重考察该生的思想政治素质、群众基础、沟通表达能力和组织协调能力等。辅导员在平时工作中要为其创造锻炼的平台，使其发挥主观能动性，帮助其树立威信。

（三）营造素质至上、学习优先的班级风气

班风是一个班级中多数学生在学习和思想方面的共同倾向，体现出班级的内在品格和外在形象，有利于引导大家朝统一目标努力奋斗。营造“三公”（公平、公开、公正）、“四自”（自我教育、自我管理、自我服务、自我监督）、奖惩分明、素质至上、学习优先的班级风气。在班级常规管理方面，重点体现“四自”、奖惩分明。在学生评奖评优方面，重点体现“三公”、素质至上、学习优先。充分发挥品格良好、学习优秀学生的模范带头作用，利用舆论引导学生向优秀学生看齐，为学生的学习成长创建良好的环境。

（四）塑造团结上进的班级形象

以球赛、寝室文化建设、知识竞赛、辩论赛、情景剧比赛等集体活动为载体，要求班级学生参加并进行考勤，辅导员现场督导，辅导员和学生一起组织策划并开展活动，有利于辅导员在活动的开展过程中更加了解学生，学生在活动的开展过程中认识自己、团结同学，进一步培养班级的集体荣誉感，增强班级凝聚力，塑造团结上进的班级形象。在大一期间塑造良好的班级形象，对于大二、大三时期的班级管理具有良好的作用，同时也会产生事半功倍的效果。

（五）分类辅导，重点关注

学生在行为上存在偏差，是因为其思想认识出现了问题。要多做思想工作，多与学生交流沟通，找到问题的根源，与学生一起寻找解决的方法，让学生从内心发生改变。

综上所述，高职院校学生班级管理需要师生同心，和谐共建。任课教师的课堂教育配合辅导员的课后辅导，再结合学生的不懈努力，三者形成合力，向同一目标使劲，就能建成优秀班级。班级管理的好坏直接关系到学生成长成才，直接反映了高职院校的教育水平和管理水平，要重视班级管理，夯实学生管理工作的基础，为培养合格的中国特色社会主义事业的接班人创造有利条件。

参考文献：

[1] 张妮娜. 关于如何做好大专院校班级管理工作的思考 [J]. 才智，2018 (4).

[2] 郑宝凤. 加强高职院校班主任班级管理的对策思考 [J]. 经贸实践，2017 (23).

[3] 胡金鑫. 高职院校班级建设存在的问题和解决方法的探究 [J]. 智库时代，2017 (14).

以辅导员为载体在思政教育中提升大学生创新创业能力研究

刘昱伶　文海霞①

摘　要：大学生是极具开拓思维和创新能力的群体，鼓励大学生创新创业，有助于提升其素质，满足其自我实现的需要。同时，大学生在创新创业过程中存在创新创业意识不强、知识储备不够、能力不足以及实践不够等问题。高校辅导员是大学生日常思想政治教育的主力军，新常态下，要以辅导员为载体，通过协调、创新、共享、开放、绿色等方式方法，着力提升大学生的创新创业能力。

关键词：新常态　辅导员　思政教育　大学生　创新创业

创新驱动转型是关系到我国国民经济全局的重大战略决策。推进大众创业、万众创新，要依靠改革创新提升传统动能和培育新动能，从而为创新驱动的转型注入持久的动力。《国家中长期教育改革和发展规划纲要（2010—2020 年）》和《关于全面提高高等教育质量的若干意见》（教高〔2012〕4 号）都要求在高等教育中加强创新创业教育。2012 年 8 月 1 日，教育部办公厅关于印发《普通本科学校创业教育教学基本要求（试行）》的通知再次提出，高校应结合本地本校实际，精心组织开展创业教育教学活动，

① 刘昱伶，四川大学招生就业处干部，主要研究方向为思想政治教育、就业管理与指导。文海霞，四川大学招生就业处干部，主要研究方向为思想政治教育、就业管理与指导。

以增强创业教育的针对性和实效性。① 李克强总理在2014年9月的夏季达沃斯论坛上发出“大众创业、万众创新”的号召，2015年的政府工作报告中再次强调“大众创业、万众创新”，掀起了创新创业的新高潮。2015年6月，国务院颁布了《关于大力推进大众创业万众创新若干措施的意见》，其中明确指出，要激发大学生的创造活力，支持并引导大学生创新创业。2016年6月4日，国务院总理李克强主持召开国务院常务会议，确定大力推进“大众创业、万众创新”的政策措施，足见创新创业被摆在一定的战略高度，政府期望通过一系列的政策制度安排来实实在在地鼓励创新创业。大学生是一个极具开拓性思维和创新能力的群体，鼓励大学生创新创业不仅能满足大学生自我实现的需要，有利于帮助大学生树立正确的职业观，还能够帮助提升大学生的综合素质，为他们今后的就业奠定基础。同时，推动学生创新创业也成为政府推动社会创新创业一个极为重要的任务。

一、大学生创新创业研究现状

（一）引起社会的普遍关注与重视，但对辅导员所起作用研究甚少

1983年美国麻省理工学院举办的第一届创业计划标志着大学生创新创业活动的兴起，随后创业大赛开始盛行，以创业带动就业，一定程度上缓解了就业压力。20世纪初，“大学生创新创业”作为一种新兴概念进入我国，开始受到学者的关注。以“大学生创新创业”为主题词在CNKI中国学术期刊网上进行检索可以发现，关于创新创业的研究2008年不到10篇，2014增加到354篇，2016年达到977篇，这说明大学生创新创业引起了普遍的关注与重视②。但是笔者对2016年中国知网的相关数据进行分析后发现，以“大学生创新创业”＋“辅导员”为关键词的文献数量从2011年起到目前为止仅有38篇，这说明学者和社会并没有认识到高校辅导员在大学生创新创业中所起到的重要作用。

---

① 《普通本科学校创业教育教学基本要求（试行）》，教高厅〔2012〕4号。

② 吴远征、李璐璐、董玉婷：《大学生创新创业的综述——研究、政策与发展》，《中国林业教育》，2015年第6期。

（二）建立政府为主导，高校搭建平台的创新创业机制

政府是大学生创新创业政策的制定者，是大学生创新创业资金的支持者，是大学生创新创业文化的营造者。杨茂全（2016）在《大学生创新创业教育长效机制研究》一文中指出，政府是创新创业的管理机构，为创新创业提供组织保障和资金支持，能制定并完善政策，营造良好的创业环境，能扶持建立创业孵化基地，整合资源，促进创业教育开展①。高校在大学生创新创业过程中不仅仅扮演着教育者的角色，还是大学生创新创业平台的搭建者。黄本笑（2014）在《大学生创新创业实践平台建设文献综述》中就指出，高校创新创业实践硬件平台包括基础设施、仪器设备、信息平台、投融资服务；软件平台包括实践平台机制、社会文化基础、政策支持、法律保护②；孙云龙（2016）在《创新创业型人才培养模式研究中》中指出，高校可以搭建沙盘模拟实验室、创新创业交流室、模拟谈判工作室、校外创业实训基地等创新创业平台③。

（三）要更新理念、强化师资队伍，改革人才培养模式、构建创新创业教育实践体系

张亚娜（2016）在其文章《创新创业教育的实践探索》中提出，应在职业生涯规划过程中分析典型案例，提升学生的自我认知④；孙云龙（2016）在《创新创业型人才培养模式研究中》指出，学校可以通过创业班、创业教育课程、创业模拟训练、创业活动实训等多种形式，对大学生进行创业意识、创业知识、创业技能，尤其是创业精神的培养，进一步激发学生的创业热情⑤；杨颖（2016）在其文章《创新创业教育实践教学体系设计》中指出，要构建“四阶段、四层次”的创新创业实践教育体系，四阶段指创新创业认知实验阶段、创业素质实训阶段、创业实践模拟阶段和自主创业实战阶段；四层次指创新创业知识认知层次、创新创业素质养成层次、创新创业模拟实习层次和创新创业实践操作层次⑥。

总的来说，虽然目前关于大学生创新创业的研究已经非常翔实，但是关于以辅导员

① 杨茂全：《大学生创新创业教育长效机制研究》，《现代商贸工业》，2016年第10期。
② 黄本笑、黄芮：《大学生创新创业实践平台建设文献综述》，《生产力研究》，2014年第1期。
③ 孙云龙：《创新创业型人才培养模式研究》，《高教学刊》，2016年第2期。
④ 张亚娜：《创新创业教育的实践探索》，《中国培训》，2016年第8期。
⑤ 孙云龙：《创新创业型人才培养模式研究》，《高教学刊》，2016年第2期。
⑥ 杨颖、武兵：《创新创业教育实践教学体系设计》，《创新与创业教育》，2016年第2期。

为载体，从思政教育的角度来着力提升大学生创新创业能力的研究还较少，本文尝试从这一方面来探讨如何在思政教育中加强大学生创新创业教育。

二、大学生创新创业存在的问题

我国创新创业教育还处于大力发展和不断完善的阶段，大学生由于社会经验缺乏，在创新创业过程中难免会遇到一些问题。

（一）创新创业意识不强

受传统观念、专业水平以及社会实践经验的影响，很多大学生并未真正意识到创新创业实践的重要性，仅仅是按照学校创新创业学分的规定而进行相应的创新创业活动，缺乏主动创新创业的兴趣，未树立起明确的创新创业意识；再加上高校对创新创业引导不够，很多大学生不太关注创新创业，也不太愿意去尝试，有的大学生甚至认为创业是就业不好而不得已为之的结果，没有真正意识到创新创业的价值和意义。

（二）创新创业知识储备不够

近年来，高校虽然也越来越重视创新创业教育，但是并没有提供完整的创新创业课程，也未形成完善的创新创业人才培养体系。再加上创新创业涉及企业管理、财务管理、政治法律、税收、计算机网络等方方面面的知识，大学生没有相应的创新创业知识储备，单凭热情、勇气及单一的专业知识，要想创业成功是极其困难的。

（三）创新创业能力不足

受应试教育的影响，部分大学生缺乏创新创业精神和能力。高校虽然也开设了创业创业课程，举办了创新创业活动，但是针对性与社会需求性还有待加强，再加上学科之间的差异，大学生对本专业知识了解较多，跨专业知识则相对缺乏，导致自身的创新创业能力不足。

三、新常态下以辅导员为载体，做好大学生创新创业教育

大学生创新创业不仅需要一定的政策引导和资金支持，思想政治教育与引导也极为

重要。高校辅导员是大学生日常思想政治教育的主力军，通过其引导大学生在市场环境中保持思想的正确性，有利于更科学、更合理、更规范地开辟创新创业之路。

（一）统筹协调，营造创新创业氛围

“大众创业、万众创新”是一个大舞台，每个学生都能在这个大舞台中将创新创业冲动转化为行动，将创新创业构想付诸实践，从而找到可以施展自己才华、实现自身价值的用武之地。高校辅导员一是全力宣传有利于大学生创业的政策环境、市场环境以及社会舆论环境，让大学生勇于创新创业；二是可以举办创业成果展，举办创业计划竞赛，锻炼学生的创业思维；三是可以邀请成功创业人士与大学生进行对话，提升学生的创业素质；四是可以依托政府以及高校建设的创业教育基地，孵化大学生的创新创业项目，在大学生群体中营造创新创业的良好氛围。

（二）创新方法，搭建创新创业平台

在大学生创新创业过程中，高校不仅仅担任教育者的角色，还应该承担平台搭建者的角色。笔者认为，创新创业平台包括软件平台和硬件平台；软件平台包括创业沙龙、创业课程设置、创业模拟训练等；硬件平台则包括国家及各省市以及各高校相关政策、创新创业训练项目、创新创业孵化基地等。

在软件平台搭建过程中，高校辅导员可以在形势与政策以及职业生涯规划课程当中融入创新创业案例，分析创业过程和规律，激发学生的创业兴趣，让学生了解创业创业基本知识；可以依托社团开设创新创业班，开展创业创新模拟训练、创新创业竞赛等培养学生的创业意识；可以邀请有经验的创业者与学生交流创新创业经验，激发他们的创业潜能；可以让学生利用课余及寒暑假时间参与创新创业调研并完成调研报告，分享成功创业的经验，思考自己未来的创业方向。

在硬件平台搭建过程中，高校辅导员应该开拓专门的创新创业宣传渠道，并通过网络汇总、归纳、保留这些宣传措施，确保有创业意识的同学都能知晓并能随时查阅到这些政策措施；可以邀请相关专家对创新创业政策进行解读与探讨，让学生了解国家和社会经济的发展方向，为自己的创业提供思路。

（三）开放心态，广辟创新创业途径

新常态要有好心态，创新创业也需要好心态。高校辅导员应在平时的课程以及交流中引导学生把个人人生价值与追求和社会责任相联系，积极关注国家方针政策、经济发展、社会环境给企业和自身带来的细微变化，善于审时度势，运筹帷幄，锁定现实目标，从基础工作做起，结合自身特点扬长避短，捕捉机会，把握机会，创造机会，谋求新发展。同时还应该引导学生树立正确的创新创业心态，无论成败，积累的都是经验。

（四）共享资源，提升创新创业水平

新常态要求共享发展，高校辅导员一方面可以通过职业生涯与就业指导课程邀请相关专业老师为学生讲解法律、税收、管理等，做到知识共享；另一方面，可以根据形势与政策内容，在课程设置中开展创新创业实践，让学生有计划地组建创业团队，通过团队协作更好地挖掘集体智慧，增强学生的团队合作意识。同时，对于不同专业领域知识和技能的创新创业项目，辅导员可以出面促进不同专业与各个高校之间的联合，为学生创新创业项目寻找合作伙伴。

（五）力推绿色，实现创新创业可持续性发展

创新创业能力的培养不能一蹴而就，而应该贯穿于思想政治教育的全过程，循序渐进。辅导员可以将创新创业教育贯穿于形势与政策及职业生涯规划过程，做到水到渠成。一方面，要着眼于学生综合素质能力的提升，将专业教育与创业教育有机结合，促使学生将创业方向与自身的专业知识相结合，将所学应用于创业实践；另一方面，辅导员应在思想政治教育中适度、适量、适时地增强学生对创业文化的认识，帮助学生在创业过程中树立正确的人生观、价值观和世界观，引导其了解国内外经济动向，树立正确的竞争观念，培养团队合作意识，选择绿色、可持续发展的创业项目，为社会多做贡献。

高校在毕业生就业协议制度中的定位及毕业生违约管理研究

黄春蓉①

摘　要：针对高校在毕业生就业协议书中的定位一直没有统一的定论，目前不同高校对自身在其中的角色认定也不尽相同。随着毕业生就业体制市场化进程的不断推进，高校履行就业协议的职责面临越来越多的困境，本文通过分析高校应对毕业生违约采取的不同措施，对高校毕业生就业协议制度提出了几点改进建议。

关键词：高校　毕业生就业协议书　违约管理

目前，我国高校毕业生就业实行的就业协议制度是根据1997年教育部出台的《普通高等学校毕业生就业工作暂行规定》及《关于统一使用〈全国普通高等学校毕业生就业协议书〉的通知》而实施的。如今，该制度已实行多年，在促进毕业生就业、维护毕业生和用人单位的合法权益及高校毕业生就业秩序等方面发挥了重要作用，为高校毕业生就业提供了切实有效的指导。但其在现实工作中也逐渐暴露出制度设计不够规范、法律法规空白等问题，比如，对就业协议书的法律性质认定和适用法律等问题在理论认识和实际处理中一直都存在较多分歧，因就业协议而引发的就业矛盾和纠纷层出不穷，事件数量也不断攀升。

---

① 黄春蓉，西南交通大学副研究员，主要研究方向为大学生思想政治教育。

作为就业协议制度中的三方对高校的定位和作用并没有达成一致的意见，有关规章中也一直没有明确的文字描述和解释，因此高校就业工作遭遇的问题和困扰也不少，本文拟就此问题进行深入探讨，期望能对改进新形势下高校毕业生就业工作带来启发。

一、高校在就业协议书中的角色解析

从1997年原国家教委下发《关于统一使用〈全国普通高等学校毕业生就业协议书〉的通知》到2009年教育部下发《关于修订〈普通高等学校毕业生就业协议书〉若干意见的通知》后，我国一些省、市、自治区甚至部分高校的就业协议书经历了从采用全国统一模板到自定义模板的转变，协议书中对高校在毕业生和用人单位双向选择过程中的角色认定和权利义务的规定也各不相同，综合分析，主要有以下三种认识模式。

（一）主体角色认识

《普通高等学校毕业生就业工作暂行规定》第24条规定："经供需见面和双向选择后，毕业生、用人单位和高等学校应当签订毕业生就业协议书，作为制定就业计划和派遣的依据。未经学校同意，毕业生擅自签定的协议无效。"因此，可以理解为在实行就业协议书制度伊始，高校在三方协议中处于协议主体地位，承担了一定的学生就业保证责任。目前，仍然有部分高校在就业协议书和相关管理规定中明确协议书必须经毕业生、用人单位和学校签字盖章后才有效，体现了学校的主体角色和责任。

（二）鉴证登记角色认识

2002年出台的《关于进一步深化普通高校毕业生就业制度改革有关问题的意见》要求进一步转变高校毕业生的就业观念，建立"市场导向、政府调控、学校推荐、学生和用人单位双向选择"的就业体制。因此，2004年之后，广东、上海、天津、福建、四川等省市先后规定毕业生就业协议书由用人单位和毕业生直接签订，高校仅以鉴证方、登记方的名义出现。2009年教育部《关于修订〈普通高等学校毕业生就业协议书〉若干意见的通知》明确规定，"就业协议书是普通高等学校毕业生和用人单位在正式确立劳动人事关系前，经双向选择，在规定期限内就确立就业关系、明确双方权利和义务而达成的书面协议"。此后，更多地区和高校修订了就业协议书的内容和形式，协议书文本中也明确表达了高校作为鉴证方、登记方的地位和作用，也就意味着高校从三方协议的主体中退出，在其中行使的是行政管理和监督的职能，仅对就业协议的真实性、合法性、完整性进行监督审查①，而不能对毕业生和用人单位的合法选择进行干涉和限制。

（三）角色认识不清

由于教育部文件规定中对高校在就业协议中的定位和作用的文字描述并不是特别明确，个别高校理解不够充分，在就业协议书相关管理规定中一方面认定就业协议书经毕业生和用人单位签字盖章后即生效，另外又规定毕业生必须经过学校批准才能与用人单位解约。从专业角度来看，高校的这些规定存在角色认识不清、主体责任模糊的问题，在面临一些就业协议纠纷时，可能存在较高的法律风险。

二、高校履行就业协议责任面临的困境

随着“市场导向、自主择业”高校毕业生就业体制的不断推进，毕业生就业协议书法律属性不清、争论不断的问题也暴露得更加明显，处理毕业生和用人单位因为履行就业协议而产生的纠纷成为高校就业工作中经常遇到的问题，无论高校在其中扮演什么样的角色，都可能面临无法履行相关责任的困境。

（一）对毕业生违约行为约束陷入两难境地

既然就业协议是毕业生和用人单位双向选择后达成的书面协议，从民法的相关规定视角来看，高校毕业生的就业违约行为实际上是毕业生自主择业权的延伸，在双方就解除协议达成一致的前提下，毕业生主张个人违约行为的正当合理也在法律没有予以禁止的范围之内。但从高校的角度来讲，目前，由于各种就业服务体系之间的发展不平衡，校园就业市场仍然是用人单位和毕业生的首选。调查显示，70%～80%的高校毕业生是通过校园市场和教育系统等其他公益性市场举办的双选会和招聘会实现就业的。因此，维护并不断拓展校园就业市场是各高校就业工作的重要内容。高校毕业生主动违约现象

---

① 赵睿：《高校毕业生签定〈就业协议书〉的维权问题——兼论高校在三方协议中的法律地位和法律责任》，《上海青年管理干部学院学报》，2012年第2期。

严重，会损害用人单位的利益，给高校就业工作带来一定的负面效应。为了维护社会公共利益，保障社会资源的合理有效利用，高校普遍会对毕业生的违约行为加以规避，许多高校在就业教育和指导工作中将诚信就业作为工作的重点，但目前，受户籍制度、事业单位编制限制、公务员招录时间滞后、招聘信息不对称等因素的影响，毕业生在就业过程中难免会出现各种违约的理由和行为，在当前整个社会就业压力增大和高校就业工作要求日益提高的形势下，高校对毕业生违约行为进行约束既找不到相关的法律依据，也无法完全放任不管，难免陷入两难的境地。

（二）对用人单位主动违约约束措施较少

在就业工作市场化的过程中，少部分用人单位因经营出现问题或招聘指标未落实等原因主动提出与毕业生解约，他们其中有些会按照就业协议中约定的违约金给予毕业生一定的经济赔偿，有些则会找借口延迟或拒绝接收毕业生，甚至连违约金都不愿意支付，不管怎样，都会损害毕业生的权益。当毕业生求助于学校时，由于行政权限的关系，高校基本没有办法约束用人单位的行为，一般情况下也只能给予毕业生道义上的支持和相对有限的求职补救建议。

（三）对部分用人单位给毕业生违约设定的不合理流程很难处理

由于不同省份有不同的协议书版本，在一些省市已经明确高校为鉴证方角色的情况下，部分用人单位没有认真阅读协议书中的相关条款，不严格履行就业协议中对违约约定的责任，人为对毕业生违约设置一些不合理流程，比如要求毕业生违约必须要先取得高校的同意，之后才能走单位解约流程。如果高校严格履行自身的权利和责任，就会使毕业生的违约办理陷入“死循环”而无解。

三、目前高校应对毕业生违约采取的主要措施

随着高校毕业生就业工作市场化进程的不断深化，其中一个主要问题就是关于协议书解除的纠纷，其中高校毕业生作为主动违约方的情况居多。为妥善处理毕业生的解约问题，高校不得不出台一些规章制度予以适当约束和限制。由于对高校自身在就业协议中的角色认知不同，其相关规定也体现了不同的责任范围。

（一）体现鉴证责任

一些高校遵守本校所在省、市、自治区对就业协议的相关规定和对自身角色的认定，对毕业生和用人单位的违约不予干涉，只要双方对解约达成一致意见，学校都会按照规定给予毕业生办理协议书补发和登记等手续。

（二）体现监督责任

大部分高校为维护校园就业市场的正常运转，限制毕业生随意违约，会通过一定的手段进行调节，比如规定在校期间只能违约一次或者就业协议书只能补发一次，一些高校甚至会进行违约公示，延迟就业协议书补发的时间等。

（三）体现主体责任

部分高校出于维护校园就业市场和优化毕业生就业结构的需要，规定毕业生必须先征得学校同意才能与用人单位办理解约手续，否则，先行办理的违约手续无效，学校不予承认。学校一般会设定几个有利于优化就业结构的条件，只有符合条件的毕业生才有资格提出违约申请。

笔者认为，从法律视角来看，上述各种措施中的部分条款与现行法律条款存在冲突，有一定的法律风险，高校应该重新审视本校管理规定的合法合规性。

四、对高校履行就业协议责任的思考和建议

权利的本质属性是利益，因此，教育部门和高校应通过各种途径积极维护就业市场的公平公正，保证就业过程中毕业生和用人单位正当权益的充分实现①。在当今就业市场不健全、就业环境还未完全实现市场化的情况下，笔者认为就业协议制度还有存在的必要性和合理性，为缓解高校在处理就业协议纠纷中的困境和面临的法律风险，需要加强以下几方面的工作。

（一）改进高校就业工作机制，加快推进高校毕业生就业工作市场化进程

高校毕业生就业协议制度是我国从计划经济向市场经济转型的过程中逐渐产生的，

① 张晶：《权利相对性视阈下高校毕业生就业违约问题研究》，《高校后勤研究》，2017年第9期。

分析工作中遇到的各种问题则不难看出，就业协议制度所遭遇的一些僵局，其实质在于高校毕业生就业协议制度的政策属性较强，而法律依据不足，因此，可以认为它是过渡阶段的特殊产物。要破解这种僵局，需进一步修订完善高校就业工作方面的规章制度，建立健全考核监管机制，完善户籍、公务员和事业单位招考等制度，同时还需构建高校毕业生就业法律保障体系，以切实维护毕业生的就业权、劳动权及人权，从而使高校毕业生就业工作与市场更快接轨。

（二）以法律法规的形式明确高校在毕业生就业协议中的定位和责任

近年来，高校毕业生人数逐年增加，毕业生就业整体依然处于买方市场，无论是毕业生个体还是高校，都面临越来越大的就业压力，现行的就业协议法规依据主要是教育部和各省级教育行政部门发布的规章，效力层次不高。从目前各方为解决就业协议纠纷所采取的行动来看，大多数情况下高校毕业生仍然处于弱势地位，有时高校不仅无法帮助毕业生维护或争取正当权益，自身也会牵涉其中，最终不得不以息事宁人的姿态来处理。此外，固化在就业协议中的诸多管理功能仍然存在并继续发挥主导作用，有关部门和高校也在就业协议的订立和履行过程中起着决定性作用，严重干扰和阻碍了毕业生和用人单位自主权的实现①。因此，建议国家相关行政部门进一步完善高校毕业生就业协议制度，通过行政法规明确高校在三方协议中的责任和地位，修订调整就业协议书的格式和内容，使高校开展就业协议纠纷处理等工作有法可依，进一步促进就业协议签署工作的规范化与法制化。

（三）逐步构建和完善毕业生签约信用体系

权利具有相对性，任何权利的行使总是与一定的义务相关联，因此，在履行就业协议的过程中，高校作为监督鉴证方若行使了解除协议的权利，应本着减少追求正当利益成本的原则，通过市场化手段维护正当方的权益。高校可以通过健全规章制度将主动违约毕业生和用人单位的相关情况通过信息平台进行公布，这样对于主动违约的主体既是一种惩戒，也是一种公告，从而可以让其他毕业生和用人单位通过信息平台了解更多的情况，增加违约方的违约成本。在条件成熟的情况下，建议教育行政部门建立全国统一

① 丁大晴、徐燕：《高校毕业生就业协议的功能缺陷及化解策略》，《现代教育科学》，2011 年第 3 期。

的高校就业协议违约信息查询平台，方便全国的毕业生和用人单位从各自的角度了解签约另一方的就业诚信情况，构建全社会的就业诚信体系。

共青团改革融入基层治理研究

——以贵州省黔西县为例

蒲　挺[①]

摘　要：《中国共产主义青年团章程》中规定：中国共产主义青年团贯彻党管青年原则，主动承担适合承担的公共职能，服务国家治理体系和治理能力现代化。本文以习近平总书记关于群团改革工作的系列重要讲话精神为指导，结合新团章的要求，以贵州省毕节市黔西县为例，剖析共青团改革大背景下如何将基层共青团组织融入基层治理。

关键词：共青团改革　基层组织　基层治理

一、黔西县概况

黔西县属贵州省毕节市管辖，位于云贵高原中部偏西，地处乌蒙山集中连片特困地区、乌江上游鸭池河北岸，总面积 2506 平方公里，土壤石漠化严重，全县居住有汉、彝、苗、布依、仡佬等 18 个民族，是“西电东送”的重要能源输出基地。全县共覆盖

① 蒲挺，西华师范大学马克思主义学院研究生，主要研究方向为基层党建团建、青年思想政治教育及乡村振兴发展战略研究。

29 个乡镇（街道），363 个村（社区），常住适龄青年 27.7 万，每年有 60%的在籍人口在外务工或上学，近年来，黔西县团委坚持弘扬“党有号召，团有行动”的优良传统，坚持以增强基层共青团组织的群众性、先进性和政治性为导向，在全县所有乡镇（街道）、村（社区）建立健全共青团组织，强化工作力量，积极适应群团改革工作要求。

二、黔西共青团融入基层治理的做法

治理是指政府、公民与社会组织等力量，通过构筑工作合力解决社会问题以促进社会发展的一种机制。2015 年 7 月，习近平总书记在党的群团工作会议上指出：我们必须从巩固党执政的阶级基础和群众基础的政治高度，抓好党的群团工作，保证党始终同广大人民群众同呼吸、共命运、心连心。黔西县共青团组织聚焦青年，心向青年，在融入基层治理做法的基础上，着力从加强组织建设保障、落实团属品牌打造、优化青年服务职能三个方面下功夫。

（一）强化组织建设保障

发挥带动好共青团组织的“突击队”作用，关键在于强化基层共青团的组织建设保障，需要坚持以党建带动团建，发挥好基层党组织的“领头羊”作用。2018 年 7 月 3 日，习近平总书记在全国组织工作会议上指出：要强化政治引领，发挥党的群众工作优势和党员先锋模范作用，引领基层各类组织自觉贯彻党的主张，确保基层治理的正确方向。要构建党组织统一领导，各类组织积极协同、广大群众广泛参与的基层治理体系。强化基层共青团的组织建设保障是基层共青团组织提升服务青年能力和水平的重要途径，是焕发共青团生机活力的重要举措，同时也是推进共青团改革和全面从严治团的组成部分。共青团要展现出新的时代面貌，需要改革干部制度，建立适应群团工作特点的组织保障。黔西县基层共青团完善组织建设保障的具体做法包括以下方面：第一，坚持“党建带团建”，以“动”至“进”激发新活力，充分结合基层党组织“三会两课”的要求，采取线上网络微党课宣讲传授与线下“清明英烈祭扫”“红色电影观看”等活动相结合的形式，引领并培育一批团员青年自觉向党员标准看齐，积极向党组织靠拢。2015 年以来，全县各级党组织共培养入党积极分子 400 余名，其中已有正式党员 192 名。第二，坚持完善团县委顶层设计与基层骨干配备相结合的原则，“选贤举能”，着力优化县乡两级团委班子结构，建立专兼挂职副书记包片工作责任制度；在基层共青团组织建设上，着力构建全县 29 个乡镇、363 个村全部覆盖团组织的机制，采取“专职、兼职、挂职”相结合的方式，配强县、乡、村三级团委班子成员，强化工作力量，实行团县委专兼挂职副书记包片乡镇（街道）工作制度，7 名专兼挂职副书记分别包片全县 29 个乡镇（街道）团（工）委。在团县委配齐专职工作人员的基础上，从县直各系统优秀青年干部中吸纳 1 名干部到团县委挂职，并从教育、卫计、金融等各行各业选配 152 名优秀青年兼职乡镇团委副书记及 363 名村级团组织负责人。

（二）打造优质团属品牌

基层共青团组织要对特定的青年群体开展有针对性、适用性的团属品牌活动，不仅可以让青年群体积极有序、合法理性地参与政府基层治理，从而更加主动、自信地适应并融入社会，而且可以进一步让青年群体真正感受到党和政府的关怀以及团组织的关爱，从而增强共青团组织对青年的感召力和吸引力。黔西县共青团认真学习贯彻落实党的十九大精神和习近平总书记对毕节试验区工作的重要指示精神，因地制宜建好志愿服务工作队，结合村（社区）一级群团服务工作站，扎实开展青年志愿服务优质团属品牌活动，大力培育青年“奉献互助友爱进步”的志愿服务精神，增强青年参加志愿服务团属品牌活动的积极性，促进青年志愿服务活动充分融入政府基层治理。

共青团黔西县委打造青年志愿服务品牌活动先进经验主要体现在三个方面：一是“筑巢引凤”抢抓发展机遇，构筑以共青团为核心，联合工会、妇联、残联、工商联、科协等群团，合力将原有覆盖乡镇（街道）到村（社区）两个不同级别的青年志愿服务工作站逐步升级为群团服务综合工作站，通过建立群团综合服务工作站，将更多优秀的往届未就业大学毕业生、技校生或寒暑假返乡的在校大学生等专业性强、知识储备丰富的青年人才充分吸纳到爱心捐赠、亲情陪护、心理疏导、医疗义诊等不同类型的基层社区综合治理活动中来。各类青年在群团工作服务站中涵育了志愿服务精神，增进了对共青团的认识，调动了自身的工作积极性，让群众的社区生活更加丰富多彩，群众生活有困难找群团工作站的格局初步形成。二是“紧贴中心”，坚决打赢脱贫攻坚的硬仗。作为国家级贫困县，团县委紧扣脱贫攻坚、共奔小康的中心任务，将青年志愿服务活动覆盖到贫困户易地扶贫搬迁改造、农村环境卫生专项整治等实际工作中，全县的 12 个易地扶贫搬迁点全部建立群团工作站，开展“村子、寨子、房子、院子、样子”建设美好农村环境的“五子”行动，直接服务全县5150户约2.42万余人的异地搬迁，让农村贫困群众住上好房子、过上好日子、养成好习惯、形成好风气。三是“服务大局”。黔西县的青年志愿者队伍从践行新发展理念的大局出发，成立了践行新发展理念青年志愿服务队，该服务队立足农村基层治理的实际需求，具体分为农业农村服务、生态环境服务、法律经济服务、医疗卫生服务、宣传文化服务与科技教育服务六个小队，共吸纳各类优秀青年1031人参与（其中包含博士研究生19人，硕士研究生136人）。医疗卫生服务队采取分散走访和集中诊疗的方式开展卫生知识宣传、健康检查和义诊等服务，普及传染病的预防及治疗知识，宣传健康生活方式。生态环保服务队以农村环境整治为主，通过环保知识宣传、人居环境治理、护绿保洁等活动，引导群众树立绿色环保的低碳生活观。科技教育服务队利用专业优势，深入群众家中，有针对性地开展政策宣传、技术指导、学业辅导，力争解决内生动力不足的问题。文化宣传服务队紧扣服务主线，以舞蹈、小品、诗歌朗诵等群众喜闻乐见的形式宣传贯彻党的方针政策、法律法规、村规民约、科普常识，为群众提供丰富的道德滋养。农业农村服务队走家串户，宣传乡村振兴战略和群众沟通交流农业知识，为推动农业升级、农村进步提供宝贵建议；法律经济服务队则深入群众家中，为其讲解经济、法律方面的知识，教大家如何识别金融诈骗、电信诈骗，收集群众较为关心的法律经济问题，并在研讨后进行反馈，有效地增强了群众的法律和经济意识。

（三）强化服务职能

共青团组织是党联系青年的桥梁和纽带，共青团改革的方向在于保持自身的群众性。保持基层共青团组织的群众性需要转变服务方式，改进工作方式方法，破除机关化、行政化，提高服务青年的能力和水平，在关爱青年、引导青年、倾听青年、维护青年权益、促进青年发展的过程中提升群众对基层共青团组织的满意度。

黔西县在提升共青团组织的群众满意度上出实招，打破过去基层共青团组织“大动静、小影响”以及服务青年群众浮于形式、流于表面的局限，从以下几方面出实招、下功夫。一是建立线上全面学习、线下以考促学的学习机制，引导青年实现自我进步。共青团黔西县委积极响应团中央关于“一学一做”教育实践活动的要求，面向全县各行各业的优秀青年开展线下“一学一做”闭卷知识问答竞赛，紧密围绕习近平新时代中国特色社会主义思想及相关文件等内容进行测试，帮助团干部、团员深刻领会习近平总书记系列重要讲话的丰富内涵和核心要义，进一步掌握团章团史，牢记团员身份，增强团员意识，扩充团干部的知识储备。二是身体力行开展服务工作。以黔西县团委全体干部及各乡镇团委书记每人所联系的10～20名青年为主要服务对象，开展“扶贫菜园建设”行动，结对帮扶劳动能力弱或无劳动力的建档立卡贫困户种植蔬菜作物，切实帮助贫困户增加收入，截至2018年6月，全县累计开辟扶贫菜园161个，吸纳450名建档立卡贫困户参与，平均每个菜园为贫困家庭增收2000～4000元。三是积极开展筑梦圆梦活动。黔西县共青团充分发挥青年文明号集体的行业优势和工作优势，以存在留守儿童、未就业青年的农村贫困家庭为重点，促成全县26家青年文明号集体与建档立卡贫困家庭结成帮扶对子，通过图书捐赠、爱心陪伴等方式切实为贫困家庭解决实际困难；以“大众创业万众创新”为指向，成立黔西县农村青年致富带头人协会，由黔西县党委副书记挂帅，县人社局、商务局、扶贫办等16个部门负责人为成员组建联席会议领导小组，在团县委设立协会联席会议办公室处理日常事务，协会致力于发展青年农村致富带头人，带动了周边4000余名群众脱贫致富，在全县范围内有61家企业业主加入该协会，其中有8家企业成为返乡青年农民工创业示范企业。

三、经验启示

（一）加强团干部的自身能力建设

黔西县共青团改革的成功经验之一，在于建立上下联动、配合密切的青年团干部工作服务体系。对此，加强团干部的自我建设尤为关键，一个好的团干部的标准前提是扣好自己人生观、价值观的扣子，拧紧思想的总开关，自觉抵制拜金主义、享乐主义等不良社会思潮的诱惑和腐蚀，坚持服务青年“四要”原则：一是主动走近青年，深入了解青年的思想动态、家庭情况、教育情况和人生理想，在密切联系青年的过程中建立广泛覆盖青年的正能量关系网。二是提供服务，团干部的服务要越实越好，把团组织打造为青年有困难时想得起、找得到、靠得住的组织，做广大青年信得过、靠得住、离不开的贴心人。三是建立感情，团干部要大力提倡“感动工作法”，熏陶个人感情，释放真情实意，在青年中传递真情。四是引导价值，要紧抓思想政治引领这根主线，在青年对党所倡导的价值认识想不通、有困惑时能及时进行引导，大力弘扬社会主义核心价值观，多学习、多倾听青年的语言，采取青年人喜闻乐见的宣传载体传播党和国家的理论政策方针。

（二）加强团组织的自身机制建设

注重整体性、系统性、协同性是全面深化改革的内在要求，也是推进改革的重要方法。黔西县共青团改革推动基层治理的核心在于，能够运用整体思维加强自身建设与职能拓展推动改革落实，黔西县共青团改革既注重把握团改革内部各要素之间的联系，在人员干部配备上合理灵活运用并配齐专兼挂职三股力量，推动团的工作深入青年、面向基层，在职能职责上既重视打造青年品牌亮点，又注重强化青年思想政治引领。黔西县共青团还认真梳理并理清了共青团改革外部各要素之间的关系，强化了其他群团组织之间的联系，增强了群团工作深化基层治理的凝聚力，在返乡创业青年孵化上与相关部门形成工作合力，共同形成了“大众创业、万众创业”的良好氛围。

参考文献：

[1] 中共中央关于加强和改进党的群团工作的意见 [N]. 人民日报，2015－07－10.

[2] 习近平在全国组织工作会议上的讲话 [EB/OL].（2018－09－17）. http://www.12371.cn/2018/09/17/ART11537150840597467.shtml.

[3] 习近平. 习近平谈治国理政：第 2 卷 [M]. 北京：外文出版社，2017.